无沟通 不教育

马志太◎著

南海出版公司

2023·海口

图书在版编目（CIP）数据

无沟通不教育／马志太著 .-- 海口：南海出版公司，2023.4
ISBN 978-7-5735-0341-1

Ⅰ.①无… Ⅱ.①马… Ⅲ.①教育工作 Ⅳ.① G4

中国国家版本馆 CIP 数据核字（2023）第 024745 号

WU GOUTONG BU JIAOYU

无沟通不教育

作　　者	马志太
责任编辑	李凤君
出版发行	南海出版公司　电话：（0898）66568511（出版） （0898）65350227（发行）
社　　址	海南省海口市海秀中路 51 号星华大厦 5 楼　邮编：570206
电子信箱	nhpublishing@163.com
经　　销	新华书店
印　　刷	三河市天润建兴印务有限公司
开　　本	710 毫米 ×1000 毫米　1/16
印　　张	14
字　　数	152 千字
版　　次	2023 年 4 月第 1 版　2023 年 4 月第 1 次印刷
书　　号	ISBN 978-7-5735-0341-1
定　　价	58.00 元

教育者的语言

对于教育者而言，开口说话似乎是一件很容易的事。无论性格外向还是内敛，选择教师这一职业，说话是必练的基本功。从古至今，教育形式几经演变，哪怕没有教室、没有讲台、没有粉笔，但是不能没有语言。

然而，会说话却不是一件简单的事。

一是要会说自己的话，把知识和技能用自己的理解方式表达清楚，授业解惑；二是要会说让人信服的话，用思想情感、价值观感染学生，传道载德。前者要求"学高为师"，后者要求"德高为范"。

泰戈尔说："不是锤的打击，而是水的载歌载舞，使鹅卵石臻于完美。"我们的教育也是一样，不是耳提面命，而是像水一样"润物耕心"，才能"桃李成蹊"。

广义而言，教育者的语言包括言语表达和非言语表达两大类。其中，教育者的人格魅力和态度行为是一种非言语性表达，这种表达隐秘且重要。本书不仅侧重于显性的言语表达，聚焦于师生间沟通的场域和方式、方法，还有这些隐秘而重要的非言语表达也渗透在其中。

所以，在言语沟通之前，我们需厘清三个隐性的心理前提：

一是同理心。同理心是站在对方立场设身处地去感受，但并不沦陷于对方的感受。同理心，首先是要站在对方的立场去体会，多方面了解致使这种情形发生的因素，然后站在学生的一方去共同面对困难，共同想办法帮助他们成长。

比如，学生违反了纪律，是否要批评？怎么批评？

常人都不喜欢批评，受人批评如被人打伤一样。外部的批评经常没有效果，是因为人的内心具有本能的防御机制。在沟通之前，学生就站在了教师的对立面开启防御机制，我们说的内容很可能全都被他的内心屏蔽、被反驳，学生关注的是我们的态度、语气等这些情感层面的外显。

要把外部的批评内化为理解、认可，这就需要以同理心为前提。有了同理心，把学生当成自己，我们的话自然就有了温度和缓度，才可能进入学生的内心；把学生当成需要教育的对象，我们的话就是衡量对与错、好与坏的刻度。毕竟谁也不会心甘情愿被他人评头论足。

二是信任感。作为社会性动物，一个人很容易受到周围那些关系亲密的人的影响。所谓"近朱者赤，近墨者黑"，就是心理学中说的他人暗示效应，它建立在对暗示方的信任和认同之上，越相信，影响力越大。

而对未成年人来说，"亲其师，信其道"更是情理之中。因为他们往往是靠情感来决定事物的好恶，而非理性地告诉自己这件事必须要这样做。师生的情感联结往往决定着他们是否喜欢某一学科，是否能学好某一学科，是否信任某一老师。

信任，不仅意味着教师说的话，学生愿意去听；还意味着，学生在成长中遇到了问题，他们也愿意第一时间告诉教师并寻求解决方案。如果师生之间无法建立和谐的情感联结，那么，教师苦口婆心说破了天，学生还是不愿意听；学生做出的承诺、给出的保证，教师也不会相信。等到学生有了问题只会默默忍受，或是自己去寻求解决方案，直到小堵塞积累出大障碍，最后有了要决堤的风险。

三是接纳度。接纳他人，就是我们常说的无条件接纳他人本真的样子。每个人都是独立的个体，都会有与他人不同的思维方式和生活习惯。在师生沟通过程中，接纳意味着尊重，意味着理解，意味着打心底里的欣赏与坚信。而这需要我们尊重学生的一切，求大同存小异，不能凡事都要求学生马上与你的标准看齐；不能在学生提出异议的时候，尖酸刻薄地去阻拦，嘲笑他们的表达；更不能得理不饶人，以一种师道尊严的强势地位和不容反驳的姿态去压制学生。

但接纳也不是听之任之或者讨好学生。

杜威说：师生之间最好的关系就像是同行一段山路，山顶依稀可见，但山路崎岖，一群人都不知道怎么走；有人之前曾经走过，这人就是老师。

与学生共同登山，有时跑在他们前面看方向，有时走在他们身旁来陪伴，有时垫在他们后面做保障，但不可离得太远遥控他们怎么走，也不可太近直接背着他们登山，在适当的距离同行就好。

在途中，教师要做的是：一方面予以明了知识，告以从何处走，到何处止；另一方面，鼓足他们的勇气，激发他们的情感，使他们深信达到目的的可能性和意义所在。

在这个过程中，师生同行跋涉的同理心、信任感和接纳度，都是影响成败与否的关键因素。更何况，在日新月异的现代社会，我们手里攥着的路线图很可能已经被新的草木遮蔽；或者根本没有路线图，需要我们与学生相互理解、相互扶持，才能共同走出密林登上高峰。

以上，在前言中，我们疏通好教育者言语沟通的思想前提，至于具体的话术，书中将还原学校教育的真实场景，以案例形式为大家提供思考、讨论、批判的空间。结合实践经验，相信大家都能打开恰当的与学生相处的模式。

马志太

目　录

▶ **第一章**

一朵云推动另一朵云，怎么说比说什么更重要

随着人类对语言的研究越来越深刻，说话不仅成为一门艺术，更是成为一门科学。有些时候，内容相同的一句话采用不同的方法说出来，会产生截然不同的效果。教师对学生说话时，有时候怎么说比说什么更重要。

▶ **第二章**

首因效应，重视班级教育中的"首印象"

人与人之间的关系非常奇妙，"首印象"往往决定了彼此相处的基调。教师和学生的第一次见面同样如此，双方相处的方式是公事公办还是像朋友一样，往往就取决于初次见面能否顺利建立起情感联系。这里说的初次见面，未必是真正的第一次会面，也可以是第一次班会，第一次和某个学生单独谈话。

▶ 第三章
学生调皮爱捣蛋，其实是在寻求关注

喜欢玩耍是学生的天性，每个教师都会遇上调皮、喜欢捣蛋的学生。但这样的学生，就一定是不好的学生吗？他们就真的是想要惹人讨厌吗？其实，那些调皮捣蛋的学生，有时候只是想要引起其他人的关注而已。

▶ 第四章
棘手的课堂纪律问题，背后藏着什么？

课堂纪律出现问题，让每位教师都非常头疼。比如，良好的课堂气氛，学生高度集中的注意力，却因为一个小小的问题被彻底破坏。在课堂纪律出现问题的时候，教师一定要保持冷静，找到问题的根源才能解决问题。

▶ 第五章
青春叛逆爱找碴儿，教师该怎么说

在学生进入叛逆期以后，教师和家长就成为他们反抗的对象。这些喜欢找碴儿、喜欢和教师对着干的学生，只不过是不成熟的心理在起着作用，与其针锋相对，不如春风化雨、以柔克刚。

▶ 第六章

杜绝校园欺凌，做学生的守护者

校园欺凌，在近些年成为人们越来越关注的问题。当校园欺凌出现的时候，绝不仅仅是几个涉事学生的事情，也有学校管理方面不完善的原因。保护好学生是教师的天职之一，教师应该有防范校园欺凌的意识，成为弱势学生的守护者。

▶ 第七章

理解青春萌动，给予科学引导

当学生开始形成明确的两性意识时，情窦初开就成为不可避免的事情。而这种情感是不成熟的，虽然美好但具有破坏性，这让教师和家长将其视为大敌。不过，一味地阻碍并不能让这种情感消亡，只能让它转化形态。因此让学生正确理解爱情的含义，正确地处理早恋，成为教师必修的课题。

▶ **第八章**

学生胆小没自信，鼓励也要有技巧

不同的学生身上有不同的问题，无论是哪一种，都是一种心理状态的表现。对胆小、缺乏自信的学生，教师自然要给予鼓励，帮助其找回自信，但要注意尺度，不要用力过猛导致学生更加不自信。所以，教师掌握适用的鼓励技巧很重要。

▶ 第九章
与家庭形成合力，尊重是前提

在孩子的成长过程中，对孩子影响最大的不是教师，而是父母。原生家庭对于孩子的影响，可能是他一生都无法改变的因素。教师没有能力改变学生的家庭状况，只能想办法平复学生在家庭中受到的创伤。但要注意，在这一过程中，尊重远比怜悯更加重要。

第一章

一朵云推动另一朵云，
怎么说比说什么更重要

　　随着人类对语言的研究越来越深刻，说话不仅成为一门艺术，更是成为一门科学。有些时候，内容相同的一句话采用不同的方法说出来，会产生截然不同的效果。教师对学生说话时，有时候怎么说比说什么更重要。

1. "吐辞为经，举足为法"

著名教育家叶圣陶先生说过："教育工作者的全部工作，就是为人师表。"

对于"为人师表"这四个字，我们并不陌生，这可以说是对教师最基本的要求。我们教导学生，不仅仅是教授他们知识，更是教授他们为人处世的道理。如果教师不能规范自己的言行举止，必然会对学生造成不良影响，给他们造成心理负担甚至会耽误他们的未来。

唐代著名文学家韩愈在《进学解》中说："吐辞为经，举足为法。"意思就是说：像孔子、荀子这样的大儒，他们口中说出的一字一句都可能成为经典，他们的一举一动也都可能被后人争相效仿。

当然，我们没有孔子、荀子这样大的影响力，但在学生面前，我们的一言一行对他们同样有着深远的影响。所以，教师除了要有过硬的知识积累外，其言行举止同样是非常重要的。

语言是人与人建立交流的重要工具，如何说话、应该说什么话，对人际关系的和谐建立非常重要。教师教导学生也是如此，说什么、怎么说，都直接影响到师生间的沟通效果。

我们常常会听到很多教师这样抱怨：

"现在的学生真的是太难管了，你说一句，他能顶你十句。"

"说他的时候，他嘴上答应的比谁都快，但转头一看，就知道他心里还不服气呢！"

"我批评他也是为他好，最后弄得反而费力不讨好，学生根本不懂我们的良苦用心！"

……

当然，学生对教师的抱怨也从来不会少：

"老师居然会说出那样的话，真的是太过分了，他根本不尊重我们……"

"老师总是一副自以为是的样子，根本不在乎我们想什么、说什么，跟他就没法沟通！"

"跟老师交心？这怎么可能，他们根本不值得我们信任！"

……

瞧，这就是沟通不当造成的结果。教师无法将自己对学生的关心传递出去，而学生也无法理解教师抓狂和批评背后的良苦用心。于是，绝大多数师生之间的关系，始终在彼此斗智斗勇的过程中举步维艰。

这不仅仅是教师与学生之间才存在的问题，很多家长和孩子之间的沟通隔阂也是这样形成的。只有打破这一沟通壁垒，才可能真正建立起和谐顺畅的沟通桥梁。

其实，大家跳出这个困境并不难，要记得：语言永远是拉近彼此距离最有力的工具。只要学会如何正确地表达，教师与学生之间的沟通就能迎来一个全新的局面。

教师与学生之间的沟通，其最终目的只有一个，那就是帮助学生掌握更多的知识，成为综合素质评价优良的人。也就是说，教师与学生之间的沟通是否成功，主要体现在师生在沟通后所呈现出来的结果好坏。因此，作为教师，有时候我们怎么说，远远比我们说了什么更重要——毕竟我们说得再好，如果无法让学生接受，说再多的道理也是在做无用功。

那么，教师在与学生沟通时，究竟应该如何说话呢？简单来说，可以归纳为四个环节：观察→感受→需求→表达。

教师与学生建立沟通的四个环节

先说观察。

在和学生沟通时，教师首先要做到客观、冷静，仔细观察当下的情况和正在发生的事情，用公平公正的态度来描述，不带任何主观色彩进行评论，以免激起学生的逆反心理。

举例来说，当你看到一个学生拍桌子的时候，你的描述是："××在教室里拍了桌子。"这就是观察。如果你的描述是："××无缘无故地发脾气，还在砸桌子。"这就是带有主观色彩的评论。因为就观察而言，你是无法"看"到学生到底是不是在发脾气，描述的情景只是你根据观察到的画面推测出来的。

再说感受。

在和学生沟通之前，教师一定要先弄明白，对于学生正在做的事情，自己心里有什么样的感受。只有弄清楚自己的真实感受，我们才能弄清楚自己对学生究竟有什么样的需求和期待。

接下来是需求。

弄清楚自己的感受之后，我们才能明白自己和学生的沟通最终要达到什么样的目的，进而表达出对学生有怎样的需求。比如，当学生在课堂上故意和教师作对时，教师的感受可能是失落的、难过的。那么，教师希望学生怎样做呢？这就是教师想要表达的需求。

在与学生沟通时，表达清楚自己的需求是非常重要的。教师只有把自己的需求清晰地表达出来，学生才会明白教师希望他们怎样做，而不仅仅只是批评或斥责他们。

最后是表达。

理清楚思路之后，师生之间就可以开始具体的沟通了。教师与学生沟通的目的是要改变现状，与学生表达彼此的需求。因此，所有的沟通都应该围绕这一点来进行。

教师需要清楚地告诉学生——期待他们做什么、怎样做，而不仅仅是批评他们的行为不对、做法有问题。

需要注意的是，教师在表达的时候应该明白一点，那就是师生之间的地位是平等的。教师向学生提出请求、表达彼此的需求、期待学生如何处理，彼此处于平等交流与协商的位置，并非地位不对等的命令式对话。

很多时候，教师与学生之间的沟通壁垒，就在于教师总是习惯性以命令的方式要求学生怎么做，却从不解释自己的感受、需求及期待。

2. 只因一句话

无论是课堂讲课还是日常教育，教师最主要的工作内容就是与学生沟通交流。

在适当的时间，一句鼓励和赞扬的话，远远胜于严厉的批评和苛责。正如一位教育心理学家所说："如果在需要认可的时候得不到认可，孩子就会失去进步的愿望，变得消极。"所以，教师能够把话说到学生的心里去，激励他们以积极的心态面对学习和生活，在这样的班级里，学生将会取得耀眼的成绩。

比如，有些教师会弱化自己日常"管理员"的形象，时常给予班级学生肯定和鼓励——学生有进步就奖励，有成绩就表扬，即便有些学生表现得不够好，教师也能看到他们的优点且给予鼓励。

这样一来，学生的自尊心和自信心才会增强。要知道，自信是学生进步的源泉。

孙琪是一名中学美术教师，她一直认为每个人都有闪光点，那些看起来一无是处的人，他们的闪光点可能还没有被人发现而已。她的学生齐如烟十分喜欢画画，但无论是家长还是其他教师都认为齐如烟没有绘画天赋——父母看了齐如烟画的画以后，就告诉她放弃画画吧，能把太阳画成方形的，估计在这条路上她走不远。

一次，在美术课上，孙琪布置的学习任务是以冬天街景为题画一幅画。临下课之前，她会挨个看每个学生完成的作品，并且加以点评。当她来到齐如烟的桌子前时，发现这个女生把画好的画压在了教科书的下面。她好奇地问道："怎么回事？齐如烟同学，你还没有画完吗？"

齐如烟摇摇头，说："我画得太差了，不敢给老师看。虽然我很喜欢画画，但是爸爸、妈妈都说我没有画画的天赋……"

孙琪笑着说："不要紧的，万事开头难，老师刚接触画画的时候，画得也比班里其他同学差很多。你要把作品拿给老师看看，老师才能告诉你问题究竟出在哪里，如何改进自己的作品。可以吗？"

听了孙老师鼓励的话，齐如烟害羞地把自己画好的画拿了出来。孙琪接过这幅画，差一点儿就要皱眉头了：从这幅画来看，齐如烟这个女生的确不擅长画画，线条画得乱七八糟，对下笔轻重的控制也不好。但是，这幅画也不是全无优点，一个喜欢画画的学生应该得到一些鼓励。

于是，孙琪对齐如烟说："你的构图非常出色，色彩搭配也算是完美，想象力更是出众。你并不是在画画上没有天赋，只是基本功太不扎实了。如果你能加强基本功的练习，我保证你能画出人人都称赞的作品来。"

这是齐如烟人生中第一次因为画画得到的称赞。她牢牢记住了孙老师所说的话，回家后软磨硬泡，硬是让家长给她报了一个美术培训班，要系统地练习绘画基本功。爸爸、妈妈拗不过女儿的要求，只好跟女儿约定，先报一个学期试试看，如果绘画水平没有改善的话，以后就不报了。

"知之者不如好之者，好之者不如乐之者。"齐如烟热爱绘画，自从她系统地接受了绘画基本功的训练以后，她的绘画水平突飞猛进。

八年后，孙琪收到了齐如烟发来的微信：一张照片里，齐如烟站在一幅巨大的墙画前。她告诉孙琪，这是她大学实习期间第一个独立完成的作品，并感谢孙老师当年对她的鼓励。当时短短的几句话就改变了她的人生。

一位教育学家说过："一句话可以改变一个孩子。"在学校里，学生的健康成长离不开教师的鼓励和赞扬，这些鼓励和赞扬就犹如万物生长需要的阳光和雨露。教师对学生的鼓励和赞扬，不仅可以使学生增强自信心，还能让他们获得希望和前行的力量。

因此，教师在日常教学过程中，一定要注意自己的言辞，要多鼓励学生，适度夸赞学生。比如，要经常说："这道题，你的解题思路很独特，很好。""这次的成绩不错，加油，继续努力。""你一定可以的。"从表面上看，鼓励和夸赞的话语都是对学生良好表现的正面评价，但从本质上看，夸赞的话是对学生外在的表扬，而鼓励的话语是对学生内在潜力的激发、挖掘。所以，鼓励能帮助学生肯定自己的内在价值，拥有积极向上的心态。

教师还要记住，鼓励建立在深入了解学生的情况后，针对学生能做好的事再做出正确的评价，不能泛泛而谈。俗话说"天生我材必有用"，这说明每个学生都有自己独特的优点和潜力。教师要善于发现并积极挖掘学生身上的优点，肯定学生的长处。

学生在成长过程中，需要得到教师的鼓励和肯定。因此，教师要及时、真诚地对学生说些鼓励的话，这样才能帮助学生建立自信，促使学生不断进步。比如，任课老师可以说"你的英语学得非常好，看来你很有语言天赋哦""你能坚持把这道难题做完，说明你很有毅力"，等等。

教师必须明白：很多时候，自己的一句话可能会改变一个学生一生的命运。很多学生因为教师的一句话而成就了自己的未来，也有很多学生因为教师的一句话而意志消沉。

　　有人说：一句话能够唤醒灵魂，也能让人落入冰窟。人们常说教师是人类灵魂的工程师，但是从教书育人的角度来看，教师更应该是人类灵魂的唤醒师。正所谓"一语点醒梦中人"，应该是对"教书育人"这种职业的最好表达。

　　一名优秀的教师，总是能看到学生身上独一无二的闪光点。当一个学生被所有人认为他是淘气鬼且无药可救时，这样的教师会看到他美好的一面，并且想尽办法把他的闪光点激发出来，从而让这个学生慢慢认可和相信自己。

　　教师作为人类灵魂的唤醒师，一定要明白日常话语对于学生的重要性。教师更要明白，教育的目的不仅仅是教会学生知识以及做人的道理，还要想办法让他们发挥自己应有的能力，激发出他们无限的可能。

　　因此，对于学生来说，教师所说的每一句话都是非常重要的。

3. 了不起的教师

　　有人说过："老师要给学生以梦想，不管碰到怎样落后的学生，都应该鼓励他。我在成长中最喜欢的人，就是能够鼓励我、推动我前行的教师。所以，无论当时的自己处在什么样的状态下，我都能感受到鼓舞的目光，这样的老师是最了不起的。"

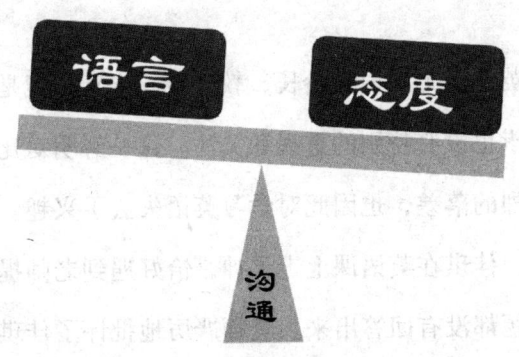

态度比语言更重要

其实，教师也是渴望与学生能好好交流、做朋友的，因为只有双方沟通顺畅，形成良好的沟通氛围，教师的教学才会更有成效，学生的学习力才会更积极。

佳琪在七年级的时候，她的英语成绩很不错，平时做练习、写作业也很积极。可是到了八年级，她的英语成绩突然就下降了。英语老师跟佳琪的家长反映，说佳琪经常不交英语作业，每次让她好好学习都应付了事，说多了就开始不耐烦。

班主任对佳琪的突然"掉队"也是很困惑。后来，在一次谈心中，佳琪说出了自己的心声："其实我挺喜欢学英语的，就是不喜欢现在的英语老师。"

原来，八年级刚开始的时候，佳琪班级原来授课的英语老师休产假了。这名教师年轻有活力，待人还和蔼可亲，平时会与学生打成一片式互动。她很喜欢佳琪，有什么需要学生去做的事情，她都会安排佳琪去。正因如此，佳琪非常喜欢学习英语，成绩提高得也比较快。

新来的英语老师虽说教龄长、教学经验丰富，但是比较严肃、严厉，对佳琪也没有特别的重视和关注。这一鲜明对比，让佳琪心里产生了强烈的落差，也因此对学习英语失去了兴趣。

有一次，佳琪在英语课上走了神，恰好遇到老师提问问题，结果她一个问题都没有回答出来。老师严厉地批评了佳琪，这一下，让佳琪更加不喜欢英语老师了，她的英语成绩也是快速下滑。

慢慢地，英语老师发现了一些学生的成绩有所下降，尤其是佳琪的特别明显。英语老师与其他科目老师沟通了一番，再与休产假的英语老师通了电话，认识到自己的教学方式太过于严肃，不利于与学生产生互动。经过思量，英语老师不仅改变教学方式，还决定让佳琪负责每天的英语作业收发，并且每次的英语作业板报都会选佳琪去负责板书。一个多月以后，佳琪对英语学习又产生了兴趣，成绩开始好转。在八年级的升级考试中，她的英语成绩明显提高了很多。

仅仅是因为教师态度的转变，佳琪的英语学习状态就发生了如此巨大的改变，这值得每一位教师去思考。

曾有教育学家说过，最好的教育就是因材施教。每个学生都有不同的心理和性格，教师在提升自己专业能力的同时，也要注意自己的日常态度，因为它会直接影响到学生的学习情绪乃至学习的积极性。

一名中考生这样说："我之所以取得这么优秀的成绩，大部分是因为我初中三年的班主任。我和班主任的关系非常好，他就是我学习上的良师益友。每次出现问题的时候，我都会主动向班主任请教，他也会心平气和地给我讲解。当然，在我遇到困惑或是感到疲惫的时候，我也会向班主任倾诉，他也给予我积极的引导和帮助。正因如此，我才能克服一个又一个困难，最终迈进自己心仪学校的大门。"

有些教师在与学生沟通的时候习惯以师长自居，喜欢说教，完全用自己的想法去理解学生，不考虑学生的心理感受，甚至还说一些重话伤害了学生的自尊心。其结果就是：持有师长说教的沟通态度，不但没有让学生向好的方向发展，反而让师生间有了隔阂，甚至让一些学生产生讨厌教师的想法。这不利于教学活动的展开。

七年级的王浩爱看课外小说，还经常拉着同学一起看。一天在课堂上，他跟同桌一起偷偷看小说被老师抓住，班主任气得火冒三丈，把他叫进办公室狠狠批了一顿。

王浩一副不服气的样子，似乎一个字也没听进去。

看到这个情况，一旁的语文老师走过来给王浩倒了杯水，然后让他坐下，说："你就是王浩吧，其实我还想表扬你呢，同学们看了你的许多图书后，他们的阅读水平有了很大提高。"

王浩吃了一惊，看着语文老师说不出话来。语文老师接着说："你还知道把书租给同学看，老师很佩服你的商业头脑，你将来一定大有前途。"听到这里，王浩开始有点儿不好意思了。

语文老师又说道："不过，也挺可惜的，因为友情是金钱买不到的。近期，你应该失去了不少朋友吧？"听到这里，王浩皱着眉头说："是的，我知道错了，好多同学已经不跟我玩了。"

"只要你改正缺点，把聪明的大脑用在学习上，和大家一起学习、一起进步，他们还会和你重新成为朋友的。"语文老师笑着说。

从那天开始，王浩再也不把小说带到学校里了。

对比一下我们会发现，像语文老师这样的谈话，没有批评，没有伤害，有的只是尊重。学生虽然年龄还小，但是他们有自己的思维，做任何事情一定有他们自己的想法。我们需要学会理解和尊重他们，这将会大大拉近师生间的心理距离。

教育的本质意味着：一棵树摇动另外一棵树，一朵云推动另一朵云，一个心灵唤醒另一个心灵。我们可以向学生提要求，还可以指出他们的错误，但是一定要记住师生之间的沟通原则——态度比语言更重要。单方面的说教不利于师生间的信息互通，更不利于对学生的管理。

在每个人的人生发展前期，教师都扮演着重要的角色，不仅要教授学生知识，更要教会他们做人的道理。所以，教师和学生之间没有太远的距离，也不应该有太多的疏远。教师应该注意自己对待学生的态度，不能让学生对自己产生抵触心理。

4. 在合适的时间说合适的话

对于教师来说，说话可以说是一门必备艺术。师生沟通无处不在，是一项相当重要的教学工作。在沟通过程中，师生双方都经历着丰富的内心活动，有时候其乐融融，有时候则针锋相对……

那么，高效率的师生沟通是怎样产生的呢？教师应在适当的时间说适合的话，学会适当的沉默，学生不仅不会觉得教师的做法欠妥，反而会感激教师，用更加优异的成绩给予回报。

今天要举行期中考试了，陈攀准备得非常充分，想着在本次考试中一展身手。在考试过程中，陈攀使用的铅笔不慎掉在了地上，正当他弯腰捡笔的时候，监考老师走到他跟前，冷着脸说："陈攀，你在干什么？"

陈攀赶紧站了起来，说道："老师，我的铅笔掉了……"

"不要给自己找理由！"没等陈攀说完，监考老师打断他的话，"别人都在专心答题，只有你一直左顾右盼，肯定是在作弊！"

顿时，陈攀的脸变得通红，他大声跟监考老师争执起来："老师，我没有作弊，我没有作弊！我真的只是在捡铅笔，你凭什么这样说我？"

所有考生开始议论纷纷，教室里顿时乱了起来。监考老师很生气地说："陈攀！你现在可以出教室了，这份卷子给你零分！"

陈攀哭着跑出了教室，一个人坐在操场上发愣。

一个人的一生都会犯这样或那样的错误，教师也难免有出错的时候：会因为种种原因对学生做了不切实际的批评和产生了错误的看法，出现错怪学生的情况；在不合适的时间说了不合适的话，导致学生的情绪受到影响。

现实生活中，有的学生会因为教师的误解，对学习、对学校产生反感、回避、恐惧等不良情绪。这不仅是因为学生处在人生观、价值观的形成时期，自我调控情绪的能力较差，也是受师生沟通交流不当的因素影响。

作为学生，一旦被教师误解，他们往往很容易冲动，马上进行辩解或者当面跟教师发生顶撞。由于师生双方的情绪都不太好，此时学生的辩解反而会被教师误认为对方不接受批评，加深教师的错误看法，让关系在双方都不太冷静的情况下进一步恶化。

因此，教师一定要掌握好与学生说话的技巧，遇到特殊情况时，一定要把握好自己的说话内容和沟通方式，甚至在需要的时候选择沉默。比如，当你遇到课堂太吵、学生都在交头接耳的情境时，你大声说"同学们别讲话了"，可能效果并不是那么好，反而显得气场不足。这时候，正确的做法就是停止说话，保持沉默，眼睛直盯着讲台下的学生。只要几秒钟，课堂会立马变得非常安静——学生都在想："老师是不是盯上我了？"所以，沉默有时候比大喊大叫更有力量。

日常教学中，当教师发现学生的抵触情绪后，不要一味地指责学生，让学生无条件地服从自己，给学生制造心理压力。教师应该客观地看待学生的抵触情绪，以一种温和的态度与学生交谈，给学生创造宽松的氛围，引导学生说出对学校和教师的看法。

此时，教师要认真倾听学生的意见，让学生感到自己得到了尊重，从而毫不隐瞒地把自己的态度、抵触教师的原因说出来。这样不仅有利于缓解学生的情绪，而且有利于教师及时发现学生的问题所在，化解他们的抵触心理。

还有，在某个学生成绩下降的时候，教师要进行批评教育，这个时候批评教育的方式方法就很重要。

我们必须明白，批评要有个度，不要当着所有学生的面说，可以私下找个时间跟学生当面追溯问题的根源。不要把学生成绩下降的原因都归结于他们"懒"，即使是懒，也是有原因的。比如，有的学生可能家里发生了事情或者遭遇了身体不适，教师没有对症下药，只是盲目地批评往往会起反作用。

拖堂是很多教师的习惯，很多人认为这是教师认真负责的表现，想要让学生多掌握一点儿知识。这很容易理解，但是我们不妨想一想，课间休息只有十至十五分钟，学生需要上厕所、整理笔记、做好下节课的准备。这些事想要全部做好，十分钟是不够的，教师再一拖堂，不就影响学生下节课的学习了吗？所以，到了下课的时候，教师最好能把要说的话精简说，不该说的话不要说。

此外，教师在表扬学生的时候，不妨把鼓励和赞扬说得具体一些。比如，不要总是凭空说"你真棒""我觉得你一定行"之类的话，这样说会让学生觉得很敷衍、空洞、没有说服力。

教师要把鼓励和赞扬具体到学生日常生活中的点滴上。在考试成绩出来后，教师可以对某个学生说："这次数学考试中，你比上次进步了不少，说明你的努力没有白费。"如果教师要表扬某学生乐于助人，要这样说："听王老师说，你在学校经常帮助同学，看来你是个热心助人的学生。"通过具体的鼓励和赞扬，学生能够在具体的事件中感受到自己的进步，进一步获得前进的力量。

教师与学生的沟通是一门艺术，没有谁不喜欢被别人肯定的感觉。多给学生一些温柔的鼓励，少一些严厉的批评吧！即便是一个肯定的微笑、一个鼓励的眼神，也能让他们变得越来越棒。

5. 尊重是交流最好的语言

人与人之间的交流其实很简单，只要做到一点，就能让交流中存在的许多问题都会迎刃而解，那就是尊重。

尊重是交流最好的语言，这一点在教师与学生的交流中更为重要。对于学生来说，教师在身份上有着天然的优势，他们扮演着"权威者"的角色。而学生们普遍都处在一个"叛逆"的阶段，他们内心的敏感和对尊重的渴求，甚至远超于成年人。因此，在与教师进行交流和沟通时，很多学生会对教师的言行态度表现得更为敏感，会更加渴求对方能够给予自己肯定和尊重。一旦这样的诉求无法达到，就会触动他们的叛逆心理，从而引发他们的抵触，导致沟通的失败。

所以，教师在与学生的沟通中一定要注意自己的言行态度，一定要尊重学生，不能因为一些错误的态度或不经意的话语而伤害了学生那敏感而脆弱的心。

黄老师班里的几个学生一大早就因为吵架闹到了办公室，就连班长都参与其中了。黄老师非常惊讶，开始询问大家发生了什么事情。

事情还要从班上一个叫唐妍希的女生说起。前两天，唐妍希把一支亲戚从国外带给她的钢笔拿到班里炫耀，钢笔虽不算名贵，但漂亮又罕见。唐妍希十分爱惜这支钢笔，许多同学也非常羡慕她。唐妍希早上来到学校，放下书包就去参加升旗仪式了。回来的时候，她发现文具盒里那支钢笔不见了。她非常着急，问了好几个同学都没见到钢笔，差点儿就哭了出来。

班长知道这事后，就把同学们都召集起来，询问有没有谁看见这支钢笔。此时，一个平时比较调皮的男生举起手，说自己在操场上捡到了那支钢笔。

原本钢笔找到了也算是皆大欢喜，但班长认为，这个男生一定是撒谎了，好好的钢笔怎么会掉到操场上呢？于是，他质问道："你拿了同学的钢笔就说拿了，看在你主动拿出来的份儿上，大家也不会认为你是个无可救药的小偷。但是，你为什么要说谎呢？你说是在操场上捡到的，这怎么可能呢？唐妍希都说了刚到教室就去参加升旗仪式，怎么想都不可能掉在操场上。"

这男生一听急了，跟班长吵起来，后来还差点儿动手，这才闹到了老师办公室。

刚听完这件事的时候，黄老师心里的想法其实和班长是一样的，这个男生平时在班上就特别爱惹祸，从前也有过不好的"前科"。但他并没有武断地批评这个男生，而是耐心地询问这个男生发生事情的前因后果。

听到黄老师的询问，这个男生原本怒气冲冲的表情也缓和下来，把事情的经过仔细讲了一遍，当时和他在一起的同学也作了证。

就在这个时候，唐妍希的家长打来电话，说唐妍希把学校发生的事情告诉她了，并跟黄老师解释，说自家孩子做事经常丢三落四，昨晚又忘记了今早要升旗，起床就起晚了。在唐妍希急着出门的时候，她才发现钢笔还在桌子上，就赶紧把钢笔装进唐妍希的裤袋里，还叮嘱了一句别把钢笔弄丢了。匆匆出门的唐妍希对妈妈的叮嘱根本就没有在意，所以极大概率是她参加升旗仪式的时候，裤袋里的钢笔掉在了操场上，被男生捡到了。

了解了事情的真相后，黄老师心中一阵后怕，幸好当时自己没有武断地下结论，也没有对那个男生说出伤人的话，否则即使后来解除了误会，也必然会给男生的内心留下难以抚平的伤痕。

在这件事情结束后，那个男生给黄老师写了一封信，信中写道："当时班长指责我是小偷的时候，我本来以为老师您也会直接批评我，但我没有想到，您会给我机会，听我解释。黄老师，谢谢您，您让我感受到了尊重与信任。"

请仔细回想，当你（老师）在与学生沟通交流时，是否做到了平等地尊重对方？

身为老师，应该尊重每一个学生，尤其是在和学生交流沟通时，要给对方表达意见的机会，而不是凭借自己的臆测就随意下结论。

对于学生来说，随着年龄的增长，他们的心理发育逐渐成熟，需要得到满足的不仅仅是物质生活，更希望教师能够正视自己的成长，平等地与自己对话。这是一种高层次的精神需要。

学生主动跟教师谈及自己遇到的问题，是对教师的信任和依赖，是想从教师那里得到解答和安慰。这时，教师如果拒绝学生这种高层次的精神需要，不能从学生的角度与他平等对话，甚至不能耐心地让学生说下去，就无法尊重和理解学生的想法。这样，学生会有严重的失落感和无法进一步交流的压抑感，以后他就不愿意跟教师沟通交流了。

同样的事情，换种说法就会达到意想不到的效果。那么，与学生交流时，我们可以运用什么样的语言技巧呢？作为教师，我们不妨做以下这种尝试。

首先，用激励的语言代替严厉的批评。

很多学生在学习过程中经常会遇到成绩下降，或者成绩总是提不上来的情况，也有很多头脑聪明就是学习不认真的学生。

碰到这种情况，很多教师的做法就是训斥再加一些思想教育。比如："你看某某同学的成绩多好，学习态度多认真。再看看你，成绩不好不说，学习态度还不认真，就知道整天玩。你要以某某同学为榜样，下次努力一些。"

教师之所以苦口婆心，就是期待学生能有觉悟与进步。谁知，学生不仅没有扭转心态反而破罐子破摔，成绩继续下滑，为什么会这样呢？

其实，这是教育方法出了问题。严厉的批评，会极大伤害学生的自尊心，他们认为教师不喜欢他们、讨厌他们，对他们失去信心。

其次，教师一定要尊重学生的自尊心。

学生虽是未成年人，有些事情或道理还不懂，但是他们也拥有自尊心，即使自己犯了错，也不愿意被家长或者教师批评。

但学生毕竟还只是孩子，心理承受能力也不能和大人相比。学生敏感又脆弱，如果教师在上课的时候当着全班学生的面，大声批评一个犯错误的学生，这个被批评的学生自尊心定会受到伤害。

难沟通的学生，多数是失去自尊心造成的。如果教师用语不当挫伤了学生的自尊，那是一件非常危险的事情——被批评的学生会认为自己在同学的眼中留下了坏印象，很容易导致学生不愿意上这名教师教的课程，即使上了也跟教师对抗，最后产生厌学、逃学等行为，以后对这位学生就会很难开展教育工作。

常言道："树要皮，人要面。"一个人可以没有奢华的物质，但是不能没有自尊心。尤其学生的自尊心是很脆弱的，我们要好好呵护。因此，懂得尊重学生，是一位合格教师所必备的基本素质。

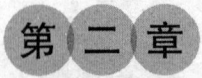

第二章

首因效应，
重视班级教育中的"首印象"

人与人之间的关系非常奇妙，"首印象"往往决定了彼此相处的基调。教师和学生的第一次见面同样如此，双方相处的方式是公事公办还是像朋友一样，往往就取决于初次见面能否顺利建立起情感联系。这里说的初次见面，未必是真正的第一次会面，也可以是第一次班会，第一次和某个学生单独谈话。

1. 与学生初次见面，教师要学会刚柔并济

管理学上讲究"刚柔相济"，这是一种哲学道理。这种方法，同样可以用在学校的班级管理上。这个道理非常简单，许多教师也都明白，但在执行上往往会受到阻碍。

因为这个模式最大的问题在于，教师与学生并非从属关系，他们之间的地位是相对平等的。实施恰到好处的"刚柔相济"，对于教师来说是一门需要深刻了解的学问。

刚柔相济，关键点是要把握好"刚"和"柔"的度——"刚"到实处，"柔"到点上。

"刚"是指建立具有较强自主性、平等性的管理制度。学生，尤其是中学生已经具备了一定的认知辨别和自我管理的能力，渴望被承认、肯定，又有参与班级管理的热情。通过合理分工和制度约定，就可以让他们各尽其能、自管自治。"柔"是指抓住恰当时机，从细处、小处入手，充分发挥各种积极因素开展个性化教育。比如，处理好一件偶发事件，把批评变成理解、鼓励和正向期待等。

孙凯是一名网络工程师，成功地完成了公司的几个项目，有一

份不错的收入。他一直很感谢自己高中时候的班主任李老师,经常说如果没有李老师,他如今说不定会成为一个什么样的人呢。

在孙凯上小学的时候,他的母亲就病逝了。父亲是一名长途货车司机,经常不在家。因此,孙凯从小在爷爷、奶奶家长大。爷爷、奶奶的身体不算好,精力不足,很难管教已经是个小大人的孙凯。上初中的时候,原本品学兼优的孙凯渐渐成为一名贪玩、经常逃课去网吧的学生。

父亲和孙凯谈过几次,孙凯也不以为意。父亲就放弃了劝说孙凯的想法,想着孙凯如果在学业上没有什么建树,高中毕业以后就跟自己一起开货车算了。

孙凯上了高中以后,班主任是李老师,五十多岁。李老师身材高大,面目严肃,但讲课却并不无聊。孙凯到了新环境,换了新老师、新同学,也有好好上进的打算。但一段时间以后,他又故态复萌,开始逃课上网。

一天下午,孙凯从网吧回来,刚刚坐到座位上,同桌就告诉他,上午李老师上课时看见他不在,过后肯定要找他麻烦。

孙凯撇撇嘴,这样的事情,自己在初中的时候经历得多了,没有什么大不了的,低头挨骂、老实认错,但坚决不改就是了。果然,这节课刚下课,李老师就让孙凯去他的办公室一趟。

孙凯摇摇晃晃地走进办公室,来到李老师面前就低下了头。在他的经历中,遇到这样的事情,教师生气训斥的有,用言语威胁、要找家长的也不罕见。但无论是哪一种,他都有方法应对。毕竟他的父亲常年不在家，爷爷、奶奶又做不了他的主，他觉得老师拿他没有办法。没想到，李老师使用的方法是他从来没有见过的。

李老师看着面前的孙凯就站起身来，用非常焦急的语气说道："你这孩子刚上高中没几天，怎么能逃课呢？"

孙凯刚要说什么，李老师又继续说："我也知道你们这些孩子刚刚结束假期回到学校上课，心还在外面收不回来，但也不能逃课啊……特别是像你这样的学生，更是不应该。我已经注意你一段时间了，你上课的时候听讲也比较认真，脑瓜也很聪明，老师讲的知识很快就能学会，可别因为逃课毁了自己的前途啊……

"高中的课程跟初中不一样，初中的最后一年好好冲刺一下，凭着聪明的头脑再使把劲儿就能拿个不错的成绩。可高中的课程如果你错过几天，可能就跟不上了。

"今天你逃了两节英语课，这怎么能行呢？我的英语水平虽然不太好，但高中刚开始的课程我还是会的，等到晚自习的时候，我帮你把那两节课补上。以后啊，你可不许再逃课了。"

面对李老师的说教，孙凯本能地想要敷衍一下李老师，说自己复习一下就行了。但看着李老师热切的眼神，想到刚才李老师焦急的语气，那些敷衍的话，无论如何他也说不出口了。于是，他默默地点点头，对李老师说："好的，李老师，我以后不会再逃课了。这两节课，晚上我会好好听的。"

之后，逃课上网这种事情再也没有在孙凯身上发生过。每到上课时间，他觉得无聊想要去网吧的时候，就会回想起那天李老师和自己说的话。不知道为什么，他就是不想让李老师感到失望。

成年以后，孙凯回想起这段经历，认为是李老师的真诚与关心让他想起自己病逝的母亲，所以才会乖乖听话，不忍心让李老师失望吧。

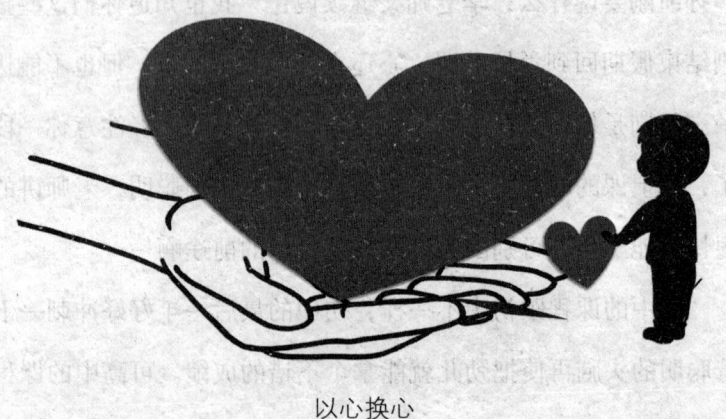

以心换心

有些人提出，教师采用"恩威并施"的教学方法比"刚柔相济"更有效。那么，现在我们就来对比分析一下恩威并施的效果。

对学生施恩很难，毕竟教师很难直接向学生输送利益。对于威，在学生进入叛逆期的时候，盲目施压很容易让学生产生叛逆心理，并且会跟教师处处作对。

既然要说"恩威并施"，我们就先从恩谈起。课堂上，教师授课让学生学到知识，这是教师的本职工作，所以严格来说，传授知识不能算作"恩"，不足以让学生对教师产生感激之情。真正的"恩"，是教师的关心，是教师的爱护，是教师在学生身上倾注的真心。教师只有这样做，才能让学生感受到教师的"恩"。

提到"威"，许多人首先想到的就是威严。但是，教师与学生并非上下级关系，想要把处于叛逆期的学生掌控在自己的手里，靠威严是不够的，靠威胁更是不行，行之有效的方法就是树立威信。所以，恩威并施中的"威"，就是指威信。

人无信而不立，特别是要管理其他人的时候，一两次的食言、失信，就足以让其他人对你这个人失去信心。作为一名教师，如果得不到学生的信任，那在接下来的教学时间里，管理班级就会成为一件非常困难的事情。

集体是一个要有规矩的地方。教师要订立规矩让学生遵守，那么，教师就能够肆无忌惮不讲规矩吗？当然是不行的。想要取信于学生，教师不仅要给学生订立规矩，也要给自己订立规矩。

全班学生都遵守纪律，为班级争得荣誉，他们会得到怎样的奖励呢？学习进步的学生，又会有怎样的奖励呢？面对那些不遵守纪律、学习退步的学生，又应该怎么做呢？班级的规章制度看似是为学生制订的，但其实也是为教师制订的。既然已经制订了这样的规定，师生就必须要执行贯彻下去，认真遵守，绝对不能擅自破坏。

教师向学生许下的承诺也要坚决执行，说不会通知家长就不要通知，绝不能当面一套、背后一套。只要学生发现教师有一两次不能守信，教师在学生眼里就成为不被信任的人，更别说树立威信了。

所以，初次见面的时候，第一次许下承诺的时候，即便学生没有把它当作一回事，教师也一定要记住，这是师生建立良好情感联系的根本和基础。

2. 未来可期，给学生一个美好期望

　　未来，对于学生来说是一个遥远的词语。他们总是想要快点儿长大，早点儿离开学校，早点儿进入下一个人生阶段，好过上无拘无束的生活。对学生来说，年轻就是最大的资本，他们比成年人拥有更多的时间，也拥有更多的可能性。

　　对于教师来说，时间就不是一种优势了，他们会更有紧迫感，尤其是带要升学的班级，感受到的压力更大。这是由成年人的习惯、时间观念和计划性造成的，甚至在某些时候，它还代表着成年人对于短期内发生事情的一种预见性。

　　在师生进行情感交流的过程中，这种预见性也在发挥着作用。教师总是认为，自己给学生上课是一个反复的过程，即每隔一段时间就会换一批学生，重复之前做过的事情。

　　的确，教师的工作会有一定的重复性，每隔一年就要把自己教过的课程从头再来一遍。但是，教师的本职工作除了教书外，还有育人这一项。教书是存在重复性的，而育人并没有。

　　古时，孔子的教育方针是有教无类。但是，如今每个班级都有一定数量的学生，虽然我们没有那么多时间做到真正的有教无类，

但也不能把每一批新学生看作一个循环的开始，又一次地重复。学生是人，而每个人都是截然不同的。这种不同，就意味着教师与新生相处的方式与之前不一样，也意味着教师与新生之间会有全新的去展望未来的需求。

教师与学生之间究竟会有怎样的去展望未来的需求呢？又要怎样做，教师才能在这一过程中与学生建立情感联系呢？让我们一起看看一位经验丰富的教师，在接手新班级时是怎么说的、怎么做的。

何凝是一位经验丰富的教师，把学生从入学带到毕业，这样的事情她已经经历过三次。她非常明白，教师留给学生的第一印象非常重要。

在开学第一次与学生见面的时候，在班会课上，何凝与学生进行了一番谈话。她站在讲台前看了全体同学一眼，转过身在黑板上写下自己的名字，又转过身说："我叫何凝，是你们的数学老师，也是你们的班主任。从今天开始，我将和大家一起度过三年的初中生活。

"我希望在这三年里，不仅能给大家带来知识上的收获、学业上的提升，更希望大家多年以后回想起这段经历时，会觉得这三年是开心的，而不是痛苦的。

"我是你们的老师，同时也希望能成为你们的朋友。都说'活到老，学到老'，我希望自己能在与你们相处的过程中也学到一些东西。因此，这三年不仅仅是你们在进步，我也会和你们一起进步。"

说完这段话，何凝环视四周，发现所有学生都集中精神盯着她，于是她接着说："当然，人无完人，我也和大家一样有很多缺点。你们犯错误的时候，我会帮助你们改正；我犯错误的时候，也希望你们能指出来。毕竟从今天开始，我们的班级就已经是一个整体了——互相帮助，共同进步，才能让我们的集体荣誉感越来越强。刚才，我说了我的一点儿想法，各位同学应该也有自己的想法和要求，在接下来的求学日子里，你们会有怎样的期待，有没有同学想要说一说？"

学生们都面面相觑，教室里安静了下来。这时，有一个男生举手说："何老师，能不能少留点儿作业？现在每天上课的时间长了不少，放学都没有时间玩了。"

何凝看了看点名册，笑着说："这名同学叫李佳，是吧？初中课程的确比小学多一些，但只要你认真学习并跟上进度，绝对不会出现没有时间玩的情况。既然你这么爱玩，老师会好好盯着你的，保证你每天都能写完作业。"

何凝说完，全班学生都笑了起来。

有了第一个发言的学生，很快就有了第二个。一个女生举手说："何老师，我喜欢唱歌跳舞，在这三年的时间里会有表现的机会吗？"

何凝又低头看了看点名册，对那个女生说："冯媛同学，初中的生活会是丰富多彩的。虽然大家自由支配的时间少了，但我肯定会让你有更多的表现机会——学校每年都会举办校庆，还会有各种文艺会演活动，我希望到时候能看到你在舞台上大放异彩。"

冯媛提问之后，又有一个男生举手站起来，问："何老师，听说上了中学，体育课经常会被其他科目抢走。我喜欢运动，希望能多上一些体育课。"

何凝对这个男生的印象很深，开学时他的父亲就询问过类似的问题，说自己的儿子将来可能会朝着体育特长生的方向发展。于是，她对男生说："何斌同学，你放心吧，咱们学校到时候会专门选拔一些有体育特长的学生，利用自习时间做一些体育训练。即便没有了体育课，也会保证你的体育成绩越来越好的。当然，文化课也不能落下——即便上了高中要走体育特招生，文化课也必须达到一定的分数才行。"

就这样，在一节班会课上，学生对自己的未来期望提出各种问题。有些学生心满意足，还有些学生暗自打气。现在，他们都安下心来，开始接受这个陌生的新环境，并且对未来充满希望。

学生进入一个全新的环境，对未来充满了不确定，有一点儿忐忑不安是非常正常的心理，最开始的一段时间与学校种种规定制度格格不入也是正常的。

教师应该让学生意识到自己所处的新环境并不可怕，对自己的未来要有一个大致的展望。教师作为能给学生带来安全感的人，作为能让学生意识到自己会有美好未来的人，自然会赢得学生的信任，与学生建立良好的情感联系。

3. 这样说，能增强班级凝聚力

每个人在生活中都难以脱离集体，无论是在工作中还是娱乐中，都需要团队协作——成为集体中的一员，可以完成个人完不成的事情。对学生来说也是一样的道理，他们最主要的任务就是学习，完成德、智、体、美、劳的素质提升是每个学生的重要任务，也是每个班集体的重要任务。

从管理班级的角度来说，教师需要让学生意识到班级是一个整体，学生是集体中的一员，教师也是集体中的一员，师生的目标、方向是一致的。如果学生能明白这件事情，他们之间的情感联系自然而然就会出现好的方面，教师也能在管理学生这件事情上减少时间的耗费而增加效率。

那么，教师要如何使用自己的语言，来增强班级的凝聚力呢？

首先，在语言的使用上拉近与学生的距离。

学生与教师本不该是对立面——虽然主要是教师在管理班级，但是师生双方是平等的。然而，对于某些学生来说，任何管控自己的人，都是站在自己的对立面。因此，对于教师，这些学生往往有本能上的抵触情绪，如果教师经常使用强硬的语言，学生的这种抵触情绪就会大大增强。如果教师能多使用一些相对温柔的语言，把命令变成要求，把"你要这样做"变成"你可以做得更好"，从而淡化学生的抵触情绪。

其次，允许学生质疑教师。

教师要告诉学生"为什么要这样做"，而不是"你就应该这样做"。为学生答疑解惑本就是教师的本职工作，但是许多学生在产生疑惑的时候，会选择相对比较尖锐的表达方式，比如直截了当地告诉教师"你错了"。

面对这种武断的否定，个别教师的心情自然不会愉快，因此给出简单粗暴的批评、以牙还牙成为常见的应对方式。这样的做法，对于学生来说是教师独裁的表现，无法让学生解开自己内心的疑惑，更让学生对教师产生不信任感。

因此，当学生质疑的时候，即便他们的表达方式是武断的、尖锐的，教师也应该允许学生表达自己的意见和想法，说出为什么会觉得教师错了，哪里做错了。

当学生说明原因后，教师就可以有针对性地为学生答疑解惑。在这个过程中，教师不能对学生的说法进行全盘否定——无论是学生提出的一种新思路，还是他们勇于表达自己想法的勇气，都是值得肯定的。

更何况，有学生表达自己的想法时，往往代表的不仅仅是个人意见，而是班级中相当一部分学生的想法。如果他们提出了更好的意见，教师对其吸纳并做出进行修改的决定，更能体现出教师的民主精神，体现出班级的集体力量，因为每个人都是集体中的一员。这有利于提升班级的凝聚力。

再次，从称呼上拉近师生之间的距离。

都说"细节决定成败"，的确，有些时候稍微改变一些细节，就能产生截然不同的效果。教师与学生之间的称呼，有些时候也能成为拉近师生情谊的关键点。

陈亮是学校的副校长，他还兼任初一（3）班班主任并教语文。即便如此，许多学生和他没有距离感，表现得也非常亲近。

形成这一结果的重要原因，就是陈亮在称呼上做出了改变。课堂上，他叫学生回答问题的时候自然是正规化，叫学号或者名字。但在课间，学生们就有了截然不同的称呼。课堂上，学生称呼陈亮为陈老师；在课间，陈亮也允许学生叫他老陈。

许多教师认为，这样做会影响陈亮在学生中的形象，失去威严，难以管理班级。实际上，陈亮所教班级的凝聚力是非常强的，学生都有维护班级利益的自发性行动，经常出现班干部带领同学一起解决问题的情况。用学生的话来说：大家都是这个班集体的一员，有些小事不用老陈拿主意，就别麻烦他了。

最后，培养学生的主人翁意识。

"这个班是谁的"，这个理念是学生能否对班级产生情感的重要因素。如果学生对班中的种种事务没有决定权、建议权，凡事都由班主任一个人决定，就很难让学生对班集体产生归属感。对学生来说，这个班只不过是个和大家一起学习的场所罢了。

当有些事情学生能做主的时候，情况就会大不一样。

陈亮在这方面同样大度。选举班委的时候，他只负责唱票；班里每周出的黑板报内容，他只负责监督和把关；就连参加学校运动会的口号、参加辩论会小组的名称等，都是由学生自己投票决定的。虽然他们也闹出了不少笑话，但这些笑话却是全班学生喜闻乐见的。

提到班集体的时候，陈亮绝不会说"你们这些学生"或者是"我的班"，他一定会说"咱们班"；提到学生的时候，他必然说"咱们班的某某同学"；提到其他科目教师的时候，他也会说"咱们班的某某老师"。班中的一切，是所有人共有的，教师是班集体的主人，学生也是班集体的主人，大家都是集体中的一分子，不可割裂。

增强班集体凝聚力的过程，并不是把学生强硬捏成一团的过程。在这个过程中，教师要做的是把自己也变成班集体的一员。所以，学生是班集体的成员，教师也是班集体的成员，绝不是在学生组成一个集体后，教师要做高高在上的管理者。

4. 约法三章，让课堂管理有个好的开始

"没有规矩不成方圆。"对于一个集体来说，规矩是不可缺少的。如果没有规矩约束，大家做事情就会失去秩序，集体也就不是集体了。

学校是一个大集体，对于学生来说，校规是对学生最基本的约束。对于班集体来说，校规是宽泛的，是基础的，并不能根据每个班、每个学生、每位教师的具体状况来规定。

班主任应该成为班集体规定的主要制定者，不仅因为班主任要管理，还因为班主任明白哪些规定更加贴合自己的管理方式，减少破坏师生感情事件的发生。

班主任要展现出亲切、和蔼的态度，但也不能容忍学生破坏课堂秩序，影响课堂纪律。如果学生觉得某教师一直是亲切的，那么，在他们影响课堂纪律受到批评时，他们对于这名教师的印象就会改变，也会产生一些不好的情愫。

想要避免这种情况发生是不可能的，班主任能够做的只能是跟学生提前约法三章，减轻某些学生对整个班集体造成的影响。

"丑话说在前头"，就是一个好的开端方法。班主任在给班集

体订立规矩、约法三章后，学生就能知道自己做什么是对的、做什么是不对的，哪些行为会受到批评、哪些行为会受到表扬。

在这一过程中，班主任必须遵守公平、公正、公开的原则。否则，约法三章不仅不能让学生对班主任的做法心悦诚服，反而会站在班主任的对立面。

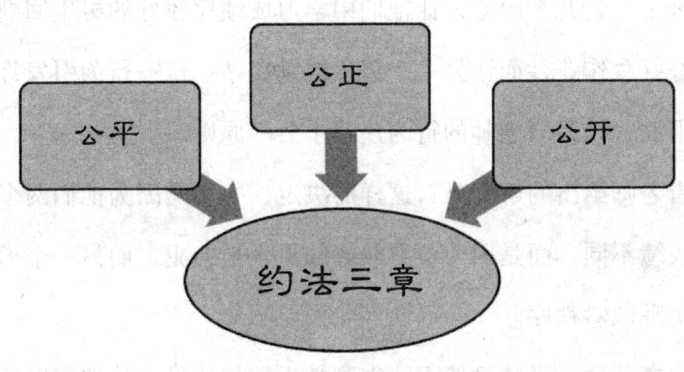

"约法三章"需要遵守的三原则

公平。每个人都有自己的偏好，学生会有喜欢的教师，也会有不喜欢的教师。而教师也是一样，会有喜欢的学生和不喜欢的学生。在利用班规管理班集体的时候，经常会出现某教师因为自己的好恶，面对同样的事情对学生做出不同处理决定的情况。这是管理班集体的大忌。

跟学生约法三章，制定好规矩，就相当于在班集体中设立了一项法律。如果教师以自己的喜好对学生做出不同的"判决"，就好像"目中无法"。

开学时，初二（4）班班主任唐老师就跟所有学生约法三章，制定了关于课堂纪律的一些规定。一天晚自习的时候，两个男生互相扔乒乓球，在班里造成嬉闹场面。

唐老师觉得班规受到了挑衅，就将两个男生叫出来罚站，让他们好好反思自己扰乱课堂秩序的行为。

过了一会儿，唐老师让他们中学习成绩比较好的男生回到座位上，好好写作业，而让另一个男生继续罚站。这一行为引发许多学生的不满，认为唐老师的行为违背了公平原则。

唐老师给出的解释是：这样的决定，并不是因为他们两个人的学习成绩不同，而是因为学习较好的男生是初犯，而另一个男生则经常扰乱课堂秩序。

唐老师这一说法显然不能得到学生们的认可，从那天以后，之前制定的班规就形同虚设。学生们表示：反正最终解释权在班主任手里，有没有这些班规都无所谓了。

不遵守公平这一原则，很容易出现这样的情况。

唐老师的说法有没有道理？当然是有的。对于惯犯来说，法律上同样有从重处罚的规定。但是，如果在制定班规的时候这一条并没有写上，就不能这样做。教师应该一视同仁，先做到公平，而后再补充完整，万万不能按照自己的想法随心所欲。

唐老师这样做看似公平，实际上大大破坏了自己的威信。

公正。公平是规矩能够被执行的基础，公正是执行规矩的尺度。"法理不外乎人情"，这是规定运用中要注意的一点。

规定的存在，就是为了避免不好的事情发生，如果美好的事情与规定的底线产生冲突，不妨放宽一些尺度。对任何事情都以结果做判断，只会显得冷酷无情，让师生之间难以有情感联系。

每个学生的家庭状况、个人情绪都是不一样的，并不一定就能严格执行班集体的每一项规定。当有些学生受客观条件所限，很难完全遵守规定的时候，教师不妨网开一面，或者针对该学生的状况来定制符合他实际的规矩。

例如，某学生扭伤脚踝，他按时上学就成了问题。如果没有其他同学的帮助，仅仅从进入教学楼、爬楼梯到进入教室可能就要花费几十分钟。面对这种情况，教师要在这个同学迟到的问题上稍微放宽要求，并且积极号召其他学生给予他帮助。

为了维护公正原则，教师适当放宽条件时不可一意孤行，要争取到大多数学生的同意。如果其他学生不同意，说明他们心中认为这并不是解决问题的最佳方案。

与其强硬地执行自己的想法，教师不妨号召学生集思广益，想出合适的办法。如果学生拿不出方案，又反对教师的办法，就说明这件事情背后还有教师不知道的事情。此时，教师一定要把事情彻底了解清楚，三思而后行，万万不要自己就做了决定。

公开。公平与公正要建立在公开之上，无论是修改班级制度，还是对某一位学生的行为做出奖惩，都需要公开。如果不公开，就成了暗箱操作。但纸毕竟包不住火，只要事情发生了，学生早晚会知道。一旦学生知道了，教师的威信也就荡然无存了。

　　有些学生的确有特殊情况，这涉及学生的隐私和自尊，并不适合公开。面对这种情况，教师不能死板地选择闭口不谈或者是硬性公开。作为一名教师，方法应该比学生多——想到一个既能保证信息公开，又能保证该学生的隐私和自尊的方法，这才是最好的选择。

第 三 章

学生调皮爱捣蛋，
其实是在寻求关注

喜欢玩耍是学生的天性，每个教师都会遇上调皮、喜欢捣蛋的学生。但这样的学生，就一定是不好的学生吗？他们就真的是想要惹人讨厌吗？其实，那些调皮捣蛋的学生，有时候只是想要引起其他人的关注而已。

1. 调皮爱捣蛋的学生，不一定就有坏心眼

每个班上都会有几个喜欢调皮捣蛋的学生，他们以捉弄同学为乐，有些时候还会捉弄教师。

这样的学生让人非常头疼。他们的行为不仅影响了正常的课堂秩序，有时候还会让其他学生没有办法集中注意力而影响学习。许多教师非常不喜欢这样的学生，一旦当场抓住捣蛋的学生，劈头盖脸地训斥一番是不可少的。

那么，单纯的训斥就能解决问题吗？那些调皮捣蛋的学生，真的是想要让教师出丑，想要破坏课堂秩序吗？

成为一名光荣的人民教师，是叶凡从小的愿望。在他的心中，教师要教书育人就必须要有威信，还要有严肃的一面。然而，事情并不像他想的那么简单——他教的是小学六年级，每天都有许多让他头疼的事情发生。

班里的男生小柯特别调皮、喜欢捣蛋，不仅上课的时候经常和同桌叽叽喳喳地说话，更会在教师转过身在黑板上写字的时候朝别的学生丢东西。叶凡批评过他几次，他都不以为意。

　　真正让叶凡发火的事情，发生在学校组织的一次大扫除中。小柯接到打水的任务，他干活非常卖力，和同组的同学不停地从走廊尽头的水房抬水到班里。

　　就在大扫除即将结束的时候，小柯把一桶水泼到马上就要擦好的玻璃上，当时负责擦玻璃的几个女生吓得四处躲闪。好不容易才清理好的地面全都是水渍，负责地面清理的几个同学顿时脸色变得非常难看，他们走上去围住小柯。

　　眼看一场冲突就要发生了，叶凡赶紧走过去把小柯拉到一边，对他说："你跟我来办公室一趟。"到办公室以后，叶凡正要训斥小柯，却发现他一反往日满不在乎、嬉皮笑脸的样子，展现出平日里绝对看不到的沮丧神色。

　　"难道今天他知道自己做错事情了？他真的后悔了？"叶凡这样想着。于是，他干脆忽略了询问那一步，直接说："看你的样子，也知道自己做错事情了吧？"

　　小柯委屈地点了点头。叶凡又说："平日里你喜欢捣蛋，大家一般都不跟你计较。今天你也看到了，你把水泼向窗户，无论是负责擦玻璃的同学还是清洁地面的同学，都不高兴了。"

　　小柯点点头，说："是我做得不对，一会儿卫生打扫结束了，我会向他们道歉的。"

　　听了小柯的话，叶凡赞许地点点头，说："你确实应该好好道歉。如果你一个人不好意思的话，老师可以陪你一起去。你看，这就是你调皮捣蛋做坏事的后果，谁都不会喜欢你的。"

听了这句话，小柯的反应马上就变了，他抬起头说："虽然我把地面弄脏了，但是我没有做坏事啊！"

叶凡听了小柯的话，觉得非常奇怪：这学生不是恶作剧的话，他为什么要把水泼到同学擦好了的玻璃上呢？叶凡提出自己的疑问。

原来小柯家的窗子是可以拆卸的，每次家人打扫卫生的时候都会把窗子卸下来，放到院子里擦洗。等到最后一步的时候，就会把清水泼上去洗掉窗子上的泡沫。

叶凡接着又问小柯："为什么会在课堂上讲话？为什么上课的时候向别的学生丢东西？"

小柯给出的答案是：说话是因为教师在课堂上讲的知识让他想到了有趣的事情，忍不住和同桌分享一下；而丢东西呢，是刚好有熟悉的学生向他借文具，而他就模仿在电视里学到的姿势扔了过去，他觉得这样很酷、很有趣。

叶凡这才明白，小柯的调皮捣蛋不是他想要做坏事、想要扰乱课堂秩序，他只是认为这样做很有趣，并不知道他所做的事情会影响到其他人。

接着，叶凡语重心长地对小柯说了许多，主要是告诉他这样的行为不好，不仅会让自己的精力不能集中在老师讲课的内容上，还会分散其他同学的注意力，破坏课堂秩序，影响其他同学不能认真听讲。这样的行为显然会遭到其他同学的反感，如果一直做这样的事情，就会成为一个大家不喜欢的学生。

从那以后，小柯虽然还是难改调皮的个性，但他已经很少在课堂上做影响其他学生的事情了。

每个学生对于正在发生的某件事情的认知是不同的，好和坏的标准也大不一样。因为在进入学校之前，他们所要面对的环境只有家庭，父母觉得孩子顽皮一些是好事。于是，在学校这个新的社交环境里，调皮捣蛋的事情并不会让父母觉得孩子的所作所为有问题。

到了学校，所有学生面临的都是全新的环境、全新的规则，大家共同生活在一起、共同学习知识。有些同学有调皮捣蛋的行为，如果建立在破坏课堂秩序或者损坏公物的前提下，就是一件不好的事情，只不过这些学生并不明白这个道理。所以，那些调皮捣蛋的学生未必就有什么坏心思，准确地说，他们没有办法评估自己的行为究竟是好的还是坏的。

学生早期的道德观，往往建立在父母的教育观上。而在实践之前，这些道德观只是一条条规则，学生不能明白其原因，不明白为什么会有这样的规则——父母告诉他们应该怎样做，他们就会怎样做。这样的教育方式，就会让学生的做法出现不合时宜的情况。

在媒体平台上，经常有一些孩子童言无忌、天真可爱的视频。其中，有一段视频是这样的：父亲躺在沙发上跟孩子玩耍，孩子一不小心踩在父亲的脸上。父亲捂着眼睛痛苦不已，而孩子却不明白发生了什么事。妈妈让孩子跟父亲说对不起，孩子说了以后，一直还在痛苦之中的爸爸却说没关系。

孩子显然不知道自己做了什么，也不知道爸爸为什么露出痛苦的表情。妈妈告诉他要说"对不起"，他就会说对不起；妈妈告诉过他"别人跟你说对不起，你就要说没关系"，于是他不管当时的情况缠着爸爸要说没关系。显然，孩子根本没有明白当时发生的情况，只是按照妈妈教过的规则做事而已。

当学生进入学校融入集体生活以后，过去在家里的那一套行为准则已经不奏效了——家有家规，学校自然也有一套规则。此时，问题就出现了：父母要面对的往往只是自己的一两个孩子，所以他们远远比教师更有精力、耐心，有更多机会去矫正孩子的错误行为，而教师却不具备这样的条件。

教师想要矫正学生的行为，必须从根源着手，找到学生调皮捣蛋、有种种不良行为的原因，才能知道如何告诉学生为什么不能这样做。如果只是单纯地告诉学生不能这样做、不能那样做，这样的硬性教育一两次很难产生效果。

学生调皮捣蛋未必就是想要做坏事，未必就代表有坏心眼。在他们的世界中，好坏的定义与成人并不相同，不觉得自己做的是一件坏事。

所以，教师和家长针对这些学生的具体情况和心理变化，一一做出改变他们的计划方案。

2. 他想要的，只是多一些关注

赢得他人的关注，赢得他人的赞许，赢得他人的喜爱，是许多人一直坚持的社交目标。

成年人尚且如此，更何况是孩子呢。只不过，孩子并不明白自己为什么要这样做，只是条件反射地认为某些行为能够让别人多注意自己一些。即便这样的关注并不能带来什么实质性的好处，但只要能达到目标，他们就乐此不疲。

张兵从事教育事业很久了，张老师这个称呼被学生叫了十几年。在他的教育生涯中，他最头疼的就是那些调皮捣蛋的学生。这样的学生，远比那些不喜欢学习的学生更令人心累，因为他们不仅会耽误自己的学习，还会影响其他同学的学习。

有些学生甚至形成了一套我行我素的观念，无论张兵如何苦口婆心地劝说，也难以改变他们调皮捣蛋的本性。

最近，让张兵害怕的事情终于发生了。他的女儿小雪随着年龄的不断增长，居然也表现出调皮捣蛋的一面，经常在家里做一些让父母头疼的事情——今天拿妈妈的口红在墙上乱涂乱画一番，明天又把爸爸的工作笔记撕掉几页折纸飞机，后天用剪刀在妈妈的衣服上剪出两个口子，说是这样更好看。

最开始，张兵和妻子还有耐心告诉小雪不要这样做，这样做是不礼貌的行为。但久而久之，张兵夫妇也失去了耐心，教育女儿的方式开始变得简单粗暴起来。这样的教育方式并没有让小雪改掉调皮捣蛋的毛病，反而让这种情况愈演愈烈。

小雪调皮捣蛋的次数越来越多，方法也是千奇百怪。一次周末，小雪一个人在家的时候，居然从楼上朝着楼下车辆扔东西。如果不是邻居找到张兵说小雪干了什么，张兵夫妇还一直蒙在鼓里呢。

听到女儿干出这样的事情，张兵连愤怒的情绪都没有了，内心只有失落和无力感——自己被人喊了这么多年的老师，却连自己的女儿都教不好，真是太失败了。

张兵生气地叫来小雪，问她是不是朝楼下扔东西砸别人的车。小雪不仅不知道自己闯祸了，反而还得意扬扬地向爸爸炫耀自己扔得可准了。张兵问小雪为什么要这么做，并从她口中得到了意外的答案——因为想从爸爸、妈妈那里得到夸奖。

原来，张兵夫妇的工作都非常繁忙，即便回到家里也有许多事情要做，每天都筋疲力尽，根本没有多余的时间去陪伴女儿。虽然小雪在功课方面没有落下，但是在其他方面，他们的确亏欠了小雪许多。就是为了得到父母的称赞，为了让父母把更多的注意力放在自己身上，小雪才会做出各种调皮捣蛋的事情——无论是好的还是坏的，小雪总归是想要爸爸、妈妈多陪一陪她。

得知事情的前因后果，张兵一半是责怪自己粗心，一半是茅塞顿开。自己女儿的调皮捣蛋是为了吸引父母的注意力，那么，学校里那些调皮捣蛋的学生，是不是也想赢得他人的关注？

张兵决定从这个角度出发，多给这样的学生一些关注，来解决他们调皮捣蛋的问题。果然，在他实施了这个方法以后，这些学生调皮捣蛋的事情就减少了。回到家里，张兵也打起精神陪伴小雪写作业、做亲子游戏，小雪也变得乖巧了许多。

心理学上有一个概念叫作"依恋心理"。简单来说，"依恋"就是对某个人或某件事物有很深的依赖和眷恋的一种心理。比如，年幼的孩子对经常照顾自己的长辈就存在非常明显的依恋情绪，一旦发现对方不在身边，就会开始不安、焦虑，进而哭闹不休。

随着孩子年龄的增长，这种依恋情绪的表露会得到一定程度的控制，但并不会完全消失，而是会通过其他方式去表露出来。比如，通过某些行为来强调自己的存在感，以达到寻求关注的目的。就像小雪用调皮捣蛋的行为来吸引父母的注意，这其实就是一种"依恋心理"的反映。

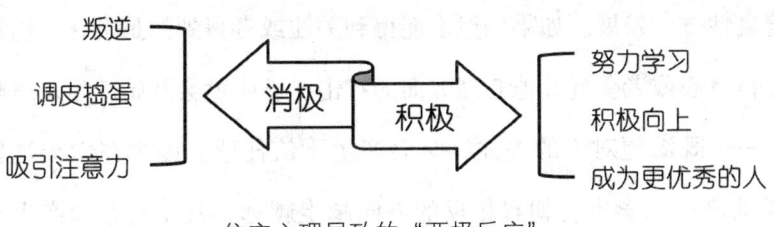

依恋心理导致的"两极反应"

在教育领域，依恋理论也是普遍存在的。

对于当下这个世界的变化，对于周遭正在发生的事物，学生的承受能力无疑是特别脆弱的。这种脆弱，不仅表现在学生的生理上，更有心理上的。他们需要安全感，而这种感觉又无法通过脆弱的自己来获得，只能从身边的人身上寻求安全感。

孩子在家庭中，依恋的对象自然是父母；而孩子到了学校，依恋的对象就变成了教师。甚至有些时候，教师成为学生比父母更想要依恋的对象，毕竟学生在学校待的时间比较长。许多父母相对比会发现，孩子更喜欢听教师的话，更喜欢把教师当成权威。

学生把教师当成依恋的对象，那么，教师对学生的关注度、评价就会影响他们的自我认知。如果教师给予他们足够的关注，他们就会认为自己是出色的人，会被大家喜欢，这时候他们的自信心就会得到提高。

如果学生觉得教师不关注他，他自然会想办法寻求教师的关注。这样的学生想表现自己、吸引他人关注的方式，无非是想办法让自己在某一方面变得非常出色，以得到称赞；又或者是调皮捣蛋，用出格的方式吸引他人的注意力。

当学生利用这种方式成功得到他人关注的时候，事情可能会朝着良性方向发展。如果仍然没能得到关注或者得到的是批评，伤及了自尊心或者受到其他心理方面的打击，学生就会开始产生矛盾心理——既渴望对方的关注，又会产生不信任感。因为在学校被教师批评过，学生会朝着相反的方向越走越远，甚至对教师产生抗拒心理。

引起教师注意的方式，如果没有被干涉，也没有达到既定效果，很有可能会形成一种固定的模式。这种模式形成以后，甚至会伴随学生的一生，成为他们面向特定人群的表现方式。

例如，学生面对教师时的行为模式，将来很有可能会运用到面对社会上发生的一系列事情——处理与同学的人际关系时所使用的方式，将来很有可能被运用到应对同事身上；当然，更有可能的是将面对父母时的态度，运用到处理自己和异性的关系上。

我们常说：家庭环境对于学生的成长非常重要。与父亲的相处方式，往往决定孩子将来和其他男性的相处方式；与母亲的相处方式，也决定孩子将来和其他女性的相处方式。于是，教师在这一环节中也扮演了重要的角色——如果父母工作繁忙，与孩子的接触时间不多，教师就会被按照对应的性别填充进对应的角色。

有些教师认为：自己与学生非亲非故，被学生依赖是一种沉重的负担；如果一直被依赖，可能会影响学生将来独立自主个性的形成，让学生难以在社会上有所成就。

事实恰恰相反。人不喜欢故步自封，当他们有人可以依靠时就有了足够的安全感，自然会对舒适圈外的事情产生好奇心、探索欲，因此，那些有了依靠、安全感的学生，反而会加速形成自己的独立人格，促进自己学习独立思考的能力。

更何况，被学生依赖是建立师生间信任关系的最佳方式。充分的信任，可以让学生更容易被引导到好的方向上去，对其人格的形成、学习习惯的养成、学习知识的欲望，都有着促进作用。

那些调皮捣蛋的学生，所需要的可能只是多一些关注而已。这时候，教师的处理方式就非常重要了。不闻不问，这很有可能让学生在调皮捣蛋这件事情上愈演愈烈，甚至会做出更加离谱的事情来吸引教师或者同学的注意力。

如果要对这样的学生进行批评，一定要注意方式方法，注意场合，注意语言，不能伤害了学生的自尊心，不要让学生觉得自己是个不被喜欢的、糟糕的人。

3. 批评，是为了教会学生"尊重"

尊重，是人与人交往的基础——只有尊重对方，不冒犯对方，才能继续和对方交往下去。除了对人的尊重外，我们还有很多要尊重的事物：家庭中的亲缘关系，班集体中的同学关系，学校的师生关系及规章制度，学生这一身份……

走入社会以后，需要我们尊重的事物就更多了，如职场规则、商业机密、个人诚信等。如果不尊重这些事物，我们就可能会被边缘化，难以融入所处的环境。

尊重

尊重是人际交往的基础

那些调皮捣蛋的学生在实施行为的过程中，对许多事物是不尊重的。捉弄同学，是对同学的不尊重；影响课堂秩序，是对学生身份的不尊重，对教师的不尊重；破坏公物或做违反校规的事情，是对学校规章制度的不尊重……

如果放任下去，就会让这些学生形成一种观念，那就是不尊重别人也无所谓。将来，他们极有可能因为不尊重道德规范、不尊重国家的法律法规而造成严重的后果。所以，在批评这些学生时，教师不能仅仅只是制止他们调皮捣蛋的种种行为，更要教学生学会尊重。

那么，要如何让学生明白尊重的重要性呢？

换位思考是不错的方法。对于不尊重他人的学生，应该让他尝尝不受别人尊重的滋味。这样，他就会明白尊重他人的重要性。

赵宇今年 30 岁，作为一名班主任算是非常年轻了，相比那些经验丰富的老教师，他的教学方式更加有趣，相比其他教师喜欢从长计议、潜移默化地改变学生，他也更喜欢用直接的方法解决问题。

一次，赵宇发现班上学习一向不错的唐悦没有交作业，他便找到唐悦，询问她到底发生了什么事而不交作业。唐悦什么也不说，只是默默地流眼泪。

这样的事情又发生了几次，赵宇旁敲侧击地才从其他学生那里得知：唐悦的同桌阳阳撕掉了她的作业本，害得她交不上作业。唐悦的性格软弱，不敢告诉教师。

赵宇得知这件事情以后，想了一会儿，计上心来。隔天，他把阳阳叫到办公室，问道："阳阳，你今天的作业怎么没有交呢？"

阳阳听了一头雾水，赶紧说："不对啊！赵老师，我今天交作业了，是我们小组长收的，不信你问他。"

赵宇拿出一本作业本给阳阳看了一眼，说："这是你的作业本，没错吧？"阳阳点了点头。赵宇又翻到昨晚家庭作业的那一页，当着阳阳的面把这一页撕了下来，然后对目瞪口呆的阳阳说："你确实交上了作业本，但是你的作业却没有在上面。"

阳阳一把抢过作业本，急得都快哭了，喊道："赵老师，你怎么能这样做！我明明写了作业的，却被你撕掉了。"

赵宇对阳阳说："怎么样，作业被人撕掉的滋味不好受吧？"阳阳气鼓鼓地点了点头。

赵宇又说道："既然知道不好受，那还要欺负你的同桌，撕掉她的作业吗？以后不许再欺负同学，不许再撕别人的作业了，不然就再让你尝尝同样的滋味。作为惩罚，你回去把昨天的作业再写一遍，明天带着今晚的作业一起交上来。"

赵宇的做法有些粗暴，但显然是有效的，从那以后阳阳再也没有欺负过同桌唐悦。但是他调皮捣蛋的行为没有停止过，特别是在遵守校规班纪这件事情上，他表现得格外抗拒——少先队员要佩戴红领巾，他就是不戴；轮到他值日的时候，他也根本不把它当回事，教师一离开教室，他就紧随其后溜掉。久而久之，越来越多的学生对他不满，并且向赵宇告状。

赵宇想了想，告诉各组值日的组长，值日的时候不要打扫阳阳的位置；之前要求所有学生轮流从家里带一盆花用来美化教室环境，阳阳带来的花，以后值日生也不用再浇水了。

最开始的几天，阳阳还没有发现异常，时间一长，他发现自己的座位下多了许多垃圾，而其他人的座位下面却是干干净净的。

阳阳明白，自己脚下的垃圾是值日生没有清扫，因为有几片废纸是自己什么时候丢的，他记得清清楚楚。除此之外，更加严重的是，自己从家里带来的那盆花快枯萎了，这可是妈妈养了好久的，拿来班里之前再三叮嘱阳阳一定要好好爱护。如果这盆花死掉了，他可没办法跟妈妈交代。

阳阳急匆匆地去找赵宇，向赵宇控诉值日生不清扫他的座位地面，也不浇花。赵宇用奇怪的眼神看着他，反问道："为什么他们要帮你清扫座位的地面，帮你浇花呢？"

阳阳理直气壮地说："因为那是班规规定的啊，值日生要负责打扫整个班级的卫生和浇花。"

赵宇又问道："那你打扫卫生了吗？你浇花了吗？"

阳阳的表情马上窘迫起来，然后讷讷地说："没有……"

赵宇看到阳阳的表情，笑着对他说："凭什么你可以不遵守班规，别人就一定要遵守呢？班规不是为了限制你、欺负你制定的，只有人人都遵守这样的规定，我们每个人才能在一个有秩序的环境中生活。遵守班规，是每个人都要负的责任。"

阳阳低下头，承认了自己的错误："赵老师，以后我一定好好做值日。"从那以后，阳阳再也没有调皮捣蛋过。

我们说过，要解决学生调皮捣蛋的问题，要从事情的根源着手，让学生学会尊重就是其中一项。人人都需要尊重，那么，尊重从何而来呢？人们常说："尊重不是别人给的，而是自己赢得的。"这就展现出尊重的相对性。

的确，自己想要获得他人的尊重，就必须先尊重他人，尊重所处环境的公共秩序，尊重大家共同遵守的社会道德规范。只有做到这些，才能共赢。

一个学生懂不懂得尊重他人、遵守校纪校规，这和他在成长过程中受到的家庭教育有着直接的关系。如果在家庭中，他是被溺爱的中心，每一个家庭成员都会捧着他、让着他，无论他犯了什么错误都能轻易获得原谅，那么他是很难明白什么叫作"尊重"。因为在这样的环境中成长，会让他产生一种自己"高人一等"的错觉，并且在这种认知中建立起"犯错成本非常低"的意识。

在正常环境中成长的学生，往往具备一定的同理心。而正是具备了同理心，才会让他们在做某些事情时懂得换位思考，自觉约束自己的行为，从而展现出对他人以及对秩序的尊重。也就是说，如果你想要让一个学生学会尊重他人，那么就要帮助他培养同理心，让他明白当一个人得不到尊重时会有什么样的感受；如果你想要让一个学生知道规章制度的重要性，那么就要让他知道没有了规章制度会发生什么事情……一旦学生明白这种滋味不好受，明白尊重的重要性，他们的行为就会规范很多。

老师要把握住一点，就是学生做了好事要获得赞扬，做了错事就要得到批评。只有这样，才能让学生明白，做好事和做错事会产生截然不同的后果。如果老师的态度不明确，或是对学生的错误置之不理，那么就可能让他们对"犯错成本"产生错误的认知和预估。

需要注意的是，批评要找对方法，要让学生明白为什么不能这样做。如果批评只是针对某件事情，即便学生明白了这样的事情不能做，也不代表他们将来不会做类似的事情，不代表他们会停止调皮捣蛋。

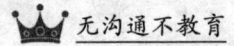

4. 重塑学生对"关注"的认识

学生渴望得到他人的关注。在家庭中，他最想要的自然就是得到父母的关注；而到了学校，进入全新的环境，学生最希望得到最有权威性的人的关注——那就是教师。

学生可以为了获得教师的关注而无所不用其极，其中有些做法是好的，有些做法是偏激的。教师最不希望见到的，自然就是那些想要通过调皮捣蛋、恶作剧来赢得关注的学生。

真的会有学生宁愿调皮捣蛋被教师批评，也要获得教师的关注吗？答案是肯定的。因为学生的年纪小，心思单纯，比成年人更容易钻牛角尖。特别是他们并不明白自己调皮捣蛋的真正目的是什么，当他们在调皮捣蛋这条路上越走越远的时候，这种行为就会从手段变成目的，失去初衷。

《师说》开篇就提到："师者，所以传道授业解惑也。"教师有义务带领学生走出误区，告诉他们应该如何正确地看待关注，如何使用正确的手段赢得关注。

闫老师带的班上有两个学生最让她上心。一个是瑶瑶，学习成绩非常优异，性格温和，笑容甜美，从来没有听哪个学生说过瑶瑶的不好，也没有谁反映瑶瑶违反学校规定、课堂纪律；就连课间休息的时候，瑶瑶说话的声音都不大。另一个学生是瑶瑶的弟弟小文，他整日调皮捣蛋，教师讲课的时候，老是接教师的话头；下课的时候，他经常跳到凳子上，表演一些在小视频中看到的内容，热衷于哗众取宠。

同一家庭的姐弟，有着截然不同的表现也就算了，只要纠正调皮捣蛋的学生身上的缺点就可以了。让闫老师头疼的是，小文处处都要跟姐姐比较——老师说他一句，他就会把姐姐拉出来做挡箭牌，认为姐姐也有不好的地方，为什么老师从来不批评她。

人无完人，瑶瑶的确也有一些缺点，如性格软弱，不喜欢参加集体活动，缺少集体荣誉感。即便如此，在教师和同学的眼中，瑶瑶仍然是受大家欢迎的那个学生。

更让闫老师觉得没有道理的是，小文有时候会对瑶瑶表现出敌意。从姐弟俩的个性来看，瑶瑶不像是那种会在背地里欺负弟弟的人。为了解决这个问题，闫老师特意给他们父母打了电话，询问这种奇怪的现象到底是怎么造成的。

闫老师从瑶瑶父母口中得知，这种情况在他们小时候就出现了。小时候，瑶瑶就表现出头脑清晰，做事有条理，经常得到父母的夸奖；而小文呢，做事马虎，老是帮倒忙给父母添乱，经常受到批评。本以为随着两个人长大，双方的性子也会向着对方靠拢，没想到却发展成两个极端——特别是小文，父母越是因为调皮捣蛋批评他，他就越会做出出格的事情来。

听了家长的话，闫老师对这两个学生的情况有了一定的了解。于是，她打算和小文进行一次深度谈话。当谈话进行到小文和姐姐谁比较受欢迎的时候，气氛开始紧张起来。

闫老师问小文："你觉得大家为什么更喜欢瑶瑶？"

小文撇撇嘴，说："谁说大家更喜欢瑶瑶了？在同学中，我比瑶瑶更受欢迎，只有家长和老师只会看成绩说话，偏心那些学习好的人。"

闫老师摇摇头，说："你和姐姐还没有上学的时候，有成绩高低的区别吗？"这个问题，一下子就把小文难住了。他只好承认，父母之前就喜欢姐姐，跟成绩确实没有关系。

闫老师又接着说："同学们喜欢你，是因为你活泼有趣，能带给他们快乐。喜欢你的同学，同样喜欢你的姐姐，但如果说到更加信任谁，一定是信任瑶瑶的人更多。"

听到闫老师的话，小文的声音马上拔高一度，想都没想地说："不可能，我在班级里有那么多的好朋友，他们都非常信任我。姐姐平时在班级里话都不多说，大家怎么可能信任她呢？"

闫老师笑了笑，对小文说："那正好，十月中旬学校要组织校庆，每个班级要出一个节目，咱们不妨在班里举行一次投票，看看大家更信任谁……"

一提到表演节目，小文马上兴高采烈起来。比学习，两个他也赶不上姐姐，但要说唱歌跳舞，他可从来都不认为姐姐能行。于是，他拍着胸脯对闫老师说："还有一个月的准备时间，我保证能出个精彩的节目。"

闫老师看着胸有成竹的小文，调侃道："还没投票呢，你就那么有信心觉得自己赢定了？"

小文一边朝办公室外走，一边说："没问题，我肯定赢。"

晚自习的时候，闫老师就负责校庆节目的人选举行了一次投票，候选人就是瑶瑶和小文。投票的结果让小文大失所望，除了他的几个好朋友外，就连平时交情不错的同学都把票投给了瑶瑶。

晚上放学的时候，闫老师再一次找到小文："是不是想不通，为什么大家宁可把票投给并没有表现过自己在唱歌跳舞方面有天赋的瑶瑶，也不把票投给你？"

小文没有说话，只是失落地点了点头。

闫老师又说："其实，老师知道你在课堂上接老师的话，下课的时候表演在网络上学到的东西，无非是想要让同学们更喜欢你，更关注你。你觉得，只要喜欢你的人比喜欢姐姐的人多，就证明你比姐姐更好。这种想法，其实是不对的。

"你的行为的确让同学们更好地认识了你，给了你更多的关注，但不代表他们就认为你比姐姐更优秀。因为你能引起同学们关注的方面，并不能让他们觉得这是你真实的一面。所以，用调皮捣蛋来吸引同学的注意力，为他们带来快乐，让他们喜欢你，却让他们认为你是个不靠谱的人，这也是理所当然的事。"

渴望得到关注，是人的本能。但有些人确实不喜欢得到别人的关注，总是小心翼翼地把自己藏起来，这不是因为自身天生的性格，而是因为他们幼年时期在家庭中没有得到过关注。

没有得到关注的学生，必然会有一个试图获得关注的过程。有些学生最后放弃这一想法，转而把注意力放在其他方面，他们就会成为那些不愿获得关注的人。而另一些学生发现，只有自己做出一些出格的事情时才能获得关注，于是，他们无暇分辨这样的关注会给他们带来什么后果，只是盲目地追求结果。

学生从家庭走入学校，他们获得关注的方式也会被延续，甚至可能伴随他们一生。只不过，教师在面对这样的学生时，有义务纠正他们对于关注的认识，要让他们知道好的关注才是有意义的，才是重要的——不是所有的关注都代表被他人喜欢，不是每个能获得关注的方式都对他们有所帮助。

第 四 章

棘手的课堂纪律问题，
背后藏着什么？

　　课堂纪律出现问题，让每位教师都非常头疼。比如，良好的课堂气氛，学生高度集中的注意力，却因为一个小小的问题被彻底破坏。在课堂纪律出现问题的时候，教师一定要保持冷静，找到问题的根源才能解决问题。

1.别发怒，先找到扰乱课堂纪律的根源在哪里

　　学生来到学校，最主要的目的是学习知识，但学校存在的意义远远不仅如此。在学校里，学生还要学习如何与家人之外的人相处，学习如何遵守校规班规，以便将来离开学校的时候能更好地融入社会这个大集体。在这三项任务中，学习知识和遵守校规班规这两项主要是在课堂上完成的，可见上课这一过程是多么重要。

　　学生破坏课堂纪律是教师最无法忍受的行为，这不仅会影响自己的教学质量，更代表学生不愿意遵守课堂纪律。更何况，只要一个学生不遵守课堂纪律，周围的其他同学甚至整个班级的学生都会受到影响，难以认真听讲。所以，有些教师对于学生的其他小问题都还能做到睁一眼闭一眼，但扰乱课堂纪律会让教师忍无可忍。

　　学生扰乱课堂秩序的确让人火大，但教师不仅要考虑如何维护课堂纪律，更要想到如何让学生改正错误。有些教师遇到课堂纪律问题，不管三七二十一马上就找出几个说了什么话或者做了什么事的学生，狠狠地批评一通。下课以后，个别教师甚至还余怒未消，又把学生叫出来狠狠地训斥一番。

　　学生在成长过程中遭受的最大委屈莫过于被教师（同学）冤

柱，这是最伤人心、最容易让人自暴自弃、最影响师生之间信任关系的事情。不少教师觉得：同学甲和同学乙打闹、在课堂上大声说话，都是亲眼所见的，还能冤枉他们不成？

很多事情不一定就眼见为实，更何况，你确定自己看到了事情发生的完整过程吗？试想，购买财产保险尚且有不能理赔的范围，课堂上出现你意料之外的事情，也不是不可能的。

韩丁从小性子就很急，今天想到的事情就必须马上开始着手去做，一天都等不了。如果因为什么事情影响了他的计划，他晚上就会辗转反侧，满脑子都在想着这件事情。于是，在他当上一名中学数学教师以后，他也以高效率的授课风格而闻名。

韩丁追求效率使得他讲课的速度很快，对学生的注意力要求也很高。在他讲课的时候，学生只要稍微一走神，再听课时就可能不知道他在说什么了。

韩丁本人也知道这种情况，他非常注意上课时的课堂秩序，因为如果有学生在韩丁看不到的地方做了小动作从而影响课堂秩序，就会有相当多的学生错过他所讲述的知识点。对于破坏课堂纪律的事情，韩丁绝对是零容忍。

一天，韩丁像往常一样在讲数学题，突然听到学生中有窸窸窣窣的讲话声，还有桌椅碰撞的声音。韩丁转过头看向学生，并没有发现什么异样，但在他转过头讲一段时间以后，他又听到了讲话声。显然，这是有学生在说悄悄话破坏课堂纪律，只不过他们的动作快，并没有被他发现。

等到韩丁回头在黑板上写板书的时候，他再一次听到了讲话声。这一次，他没有写完就马上转过头去，发现男生小凡正在跟坐在他前面的男生周杰打闹。

看到这个情况，韩丁马上火冒三丈。这两个男生的情况，他都有印象，小凡的学习成绩处在中游水平，平常调皮捣蛋，但对数学很有兴趣，单就数学这一学科的成绩相当不错；周杰成绩相对小凡是优秀的，平时说话慢声细语，一副文质彬彬的样子。

凭借对这两个学生的印象和座位的位置，韩丁认为必定是小凡上课无聊又开始调皮捣蛋了，于是他让小凡到走廊站着，以免影响其他学生听课。下课以后，他又狠狠地训斥了小凡一顿。

从那天以后，小凡对数学课就产生了抵触情绪，上课的时候不是在看课外书，就是趴在桌子上打盹。韩丁对此很不满，明明是小凡上课的时候调皮捣蛋，居然还对教师的批评教育有了情绪。

之后，韩丁又找小凡谈过一次话，但小凡的态度很是不诚恳，完全没有想要和韩丁交流的意思，只是随便点头敷衍几句，说完就匆匆离开了。韩丁有了一种"朽木不可雕也"的感觉，自己说的话明明都是为了小凡好，这学生怎么就好坏不分呢。

过了一段时间后，年级重新分班，小凡去了别的班。韩丁在和其他教师谈起小凡这个学生的时候，得知小凡仍然不喜欢上数学课，上课的时候虽然不影响别的学生，但也不会认真听讲，只是在偷偷做自己想做的事情。

韩丁之所以又打听小凡的事情，主要是他怀疑自己上次可能错怪小凡了。因为在上次的事情以后，又发生了一次类似的情况，是另一个男生在上课时和周杰打闹，如果不是周杰有什么谁见到都要骚扰一下的特殊能力，那很可能是周杰主动骚扰了其他同学。

　　过了一段时间，韩丁又向其他学生了解了一下周杰的情况，印证自己的怀疑，周杰的确不像老师想的那样乖巧，只是平时给人的好印象，才会让老师产生了错误的判断。

　　对于小凡的事情，韩丁非常自责，他觉得是自己毁掉了小凡对教师最后的信任，才导致了目前这种情况的发生。韩丁马上找到小凡并向他道歉，小凡也跟韩丁认真交流起来，说那件事过去就过去了，并保证以后上课会好好听讲。

　　课堂纪律是需要大家共同维护的，有教师的责任，也有学生的责任，还要避免出现种种意外。比如，夏天到了要打开窗户，这时一只小鸟飞了进来，有些学生受到惊吓发出了很大的喊叫声，破坏了课堂纪律。那么，教师是否应该对其发怒呢？显然是不应该的。

　　虽然学生发出了喊叫声，但这不是他们的过错，根源不是哪个学生主观想要发出声音，而是受到惊吓之后的自然反应。试想，如果教师被飞进来的小鸟吓到了，发出很大的声音破坏了课堂纪律，是否要受处罚呢？

　　寻找问题的源头是最重要的手段，否则一不小心就会有学生被冤枉而感觉受到伤害。这种伤害会让学生开始讨厌教师，讨厌某个学科，甚至讨厌来学校学习这件事情。

一次错误的判断，不仅会伤害无辜的学生，还会让真正犯错误的学生没有受到批评。于是，一次没能解决的问题，就会出现第二次、第三次，甚至其他调皮的学生也会觉得有趣，觉得这样的举动可以骗过教师，竞相效仿。到时候，不仅课堂纪律不能被整顿好，教师本人的威信也会受到影响。

2. 批评的话也要理智地说

批评学生是每位教师都有过的经历，不批评学生，就难以让学生认识到自己的错误，难以维护学校的规章制度和课堂纪律。但是，批评往往发生在学生犯错的时候，这时候的教师往往情绪比较激动，或者负面情绪比较严重。如果教师控制不住自己的情绪，就会说出一些不理智的话来，甚至会说出一些人身攻击的词语。

因此，教师在批评学生的时候应保持冷静，如果把批评的话说得过重，就会严重影响师生关系，让学生产生逆反心理，甚至觉得自己被伤害了。

冯小西当教师已有几年的时间了，她带过许多学生，自以为能

应对各种各样的状况，直到她成为孙博的班主任后才发现自己想
多了。

孙博比班上的学生晚一年入学，是个相对早熟的学生，他比同
龄人更早地产生了逆反心理，再加上父母在其他城市工作，爷爷奶
奶对他特别宠爱，所以特别难管。

一次，学校组织活动要求每个同学都要穿校服，列方阵。结果
到了那一天，只有孙博一个人没有穿校服。冯小西见他穿着一件白
色上衣，一条牛仔裤，吊儿郎当地走进教室时，气不打一处来。
她把孙博叫到办公室，直接问道："我昨天通知全班同学今天都要
穿校服，你也听到了吧？"

孙博点点头，回答说："是的。"

冯小西又问："那你今天来学校，为什么没有穿校服呢？"

孙博不好意思地挠挠头，说："老师对不起，我忘了。"

看着孙博满不在乎的样子，冯小西更加生气，但她还是克制住
自己的情绪，说："下次老师再说什么，你一定要记住。如果怕自
己的记性不好，有什么事就记在本子上。今天只有你没有穿校服，
你就别参加列方阵了。"

孙博听了老师的话，耸了耸肩，然后晃晃悠悠地回教室去了。

又过了一段时间，学校要召开运动会，又瘦又高的孙博报名参
加跳高项目。运动会当天，跳高比赛在下午一点半开始，眼看时间
就要到了，孙博还没有来。这时候通知组委会换人已经来不及了，
冯小西只好去沟通，说她的班有一个学生弃权了。下午两点钟左

右，孙博才一脸迷迷瞪瞪的样子来到学校。

冯小西一看见孙博这个样子实在很生气，把他揪到教室后面的角落里，问他："你不是报名了跳高比赛吗？这比赛都结束了，你怎么才来？"

孙博揉揉眼睛，说："冯老师，这事怪我。我中午吃过饭，想着躺一会儿好养精蓄锐，没想到一不小心就睡着了。我睁开眼睛一看都一点半了，就赶紧骑车来学校了。"

迟到的原因，居然是因为睡着了？这可把冯小西气坏了，她盯着孙博说："体育比赛这么大的事，你也能睡着，你怎么不直接睡到晚上呢？咱们班本来很有希望拿年级第一的，哪怕你参加比赛拿个第二、第三名都行，可现在……"

孙博仍然嬉皮笑脸地说道："冯老师，您别生气，咱们班比其他班强多了，我上去也是个凑数的，得不了几分，无伤大雅。到时您看着，没有我，咱们班也赢定了。"

冯小西恨得牙痒痒，咬着牙对孙博说："我第一次碰见你这样的学生，真是一点儿责任感都没有。现在，你回去写一篇 500 字的检讨书交给我。"

孙博笑着答应："没问题。"他说完就回到自己的座位上，津津有味地看起一本自己带来的动漫书。

真正让冯小西与孙博爆发不可调和的矛盾，是因为一堂公开课。这次公开课对于冯小西来说非常重要，直接关系着她今年的考评成绩。

为了这节公开课，冯小西提前一个月就开始准备——无论是教学内容还是教学方式，她都下了许多功夫，力求这堂公开课能别开生面，给前来听课的教育局领导、校领导留下深刻的印象。

除了教师的授课外，课堂上的纪律自然也是非常重要的。如果在公开课上出现一些破坏课堂纪律的情况，自然会给前来听课的领导留下坏印象。于是，在公开课举办的前一天，冯小西拜托班上所有的学生不能调皮捣蛋，无论有什么想要讨论的事情一定要忍住——时间不长，就两节课而已。

冯小西在平日里就和学生们相处得不错，再加上她这一次把姿态放得这么低，学生们自然愿意帮助老师，至少不能在领导面前让自己的授课老师难堪。

上公开课的时候，冯小西控制着自己的声线，讲解着自己精心准备的内容。等第一节课结束的时候，冯小西发现自己的手心满满都是汗水，幸好她准备得够充分，学生也很克制，效果非常好。

第二节课刚开始的时候也非常顺利，学生们发言积极踊跃，冯小西很快进入了状态。一堂课，不仅面面俱到地把知识教授给了学生，还有许多有创意、有趣的内容穿插其中。

就在冯小西认为这堂课能够顺利结束的时候，一个不和谐的声音传入她的耳朵，她抬头张望了一下，发现孙博正趴在桌子上睡觉，那个不和谐的声音就是他发出的微微鼾声。

冯小西的脸庞马上就红了起来，她完全不记得自己是如何让其他学生叫醒孙博的，也不记得在接下来近十分钟的时间里自己究竟讲了些什么——她的脑海只盘旋着一个声音，那就是孙博打鼾的声音。

下课以后，冯小西送走了教育局领导和校领导，随后就匆匆跑回办公室，委屈地趴在桌子上哭了起来。

过了一会儿，冯小西停止哭泣，马上想起造成这一切的罪魁祸首。她把孙博叫到办公室，直接劈头盖脸地训斥道："你是怎么回事？之前我都跟你们打好招呼了，请求你们今天要好好表现。我的要求不高吧，就两节课的时间，你怎么能这么害我？我平时哪里做得不好，哪里做得让你不满意了，让你在今天这么对我？"

孙博满脸歉意地说道："冯老师，真的对不起，我实在太困了，没有忍住就睡着了。"

这种带水分的道歉，根本不可能让冯小西消气，她接着说："我不知道你到底是怎么回事，为什么接二连三地做出这样的事情！是不是今天就该让你请假，让你不要来学校？你父母到底是怎么教你的，把你教成这样一个不可靠、没责任感、没素质的孩子？还是你父母根本没教过你这些，就教会了你怎么害人了！"

听了冯小西的话，孙博的脸色立马变了，说话的音量也加大了："冯老师，你批评我可以，毕竟是我做错了事情，但怎么能带上我的父母？"

正在气头上的冯小西哪里还听得进去，她气呼呼地对孙博说："我就说，怎么了！我不光要说，还要给你父母打电话，好好问问他们到底是怎么教育的儿子会害人……你能上学就上，不能上学就让你父母领回家里去！"

孙博见自己的道歉没有用，冯小西说的也越来越过分，就哭着转身跑出了办公室。

冯小西之后真的给孙博的家长打了电话，对孙博这段时间的所作所为进行了控诉。孙博的妈妈连连道歉，表示他们在外地工作，孙博只能和奶奶住在一起。奶奶的身体不好，不仅不能照顾孙博，还要孙博处处照顾，上课学习一定会有不集中的时候，希望冯老师能多多担待。

之后，校长也通知冯小西，虽然公开课的最后出现了意外，但听课的领导还是给了她很高的评价。听了校长的话，冯小西才算彻底消气了。

但是在这之后，孙博的表现让冯小西越来越担心。他不仅和过去一样吊儿郎当，甚至还出现逃课的现象。特别是期末的那几天，孙博干脆就不来上课了。无论是她亲自找孙博谈话，还是给孙博的父母打电话，都没有起到任何作用。

这学期结束以后，孙博再也没来上过学。冯小西去教导处一问，才知道孙博转到他父母工作的城市上学了。

学校生活中，教师对学生批评是必不可少的，但是在批评中有些内容是万万不能有的。一旦加入这些内容，批评就不再是简单的对话，而是变成了争执——碰到脾气偏执的学生，发生一场争吵也不是不可能的。这其中，最不应该有的就是人身攻击。

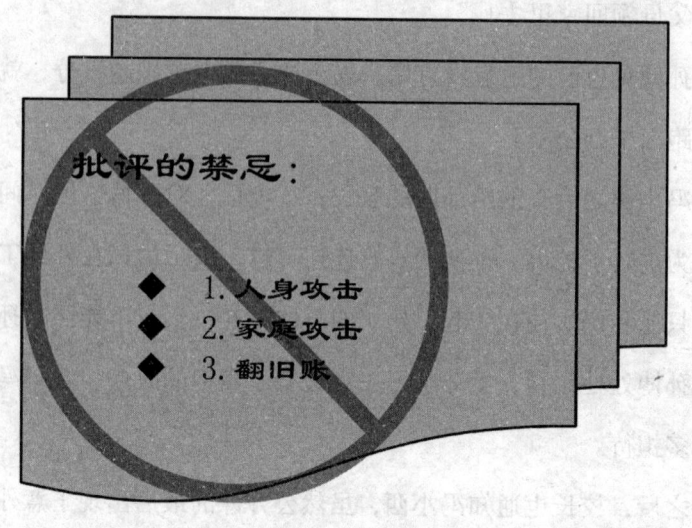

批评的禁忌：

◆ 1. 人身攻击
◆ 2. 家庭攻击
◆ 3. 翻旧账

批评的禁忌

许多教师曾在情绪激动的时候，对学生说过"你怎么这么笨""你怎么学的，脑子就是不开窍"之类的话。这样的话，会把一般情况推向大家不愿意看到的境地——学生可能会自暴自弃，产生厌学心理；又或者对教师产生负面看法，变得讨厌老师。无论是哪一种，都会影响学生的学习动力。

除了人身攻击外，提及学生父母的种种不作为也是不应该的。学生犯下的错误，虽然可能有家庭因素包含其中，但父母是孩子的骄傲，是孩子最亲密的人。贸然攻击学生的父母，且不论教师能否全面了解学生的家庭，即便了解也不该替别人做判断、下论断。这样的指责行为，不仅会破坏师生关系，更违反了职业道德。

另外，还要注意的一点就是不翻旧账。

每个人都有犯错的时候，都可能养成一些不良的习惯，想要学生在一朝一夕内改变是不可能的。教师要给予学生信任感，需要做的是督促、引导，慢慢地让学生养成好习惯，而不是翻旧账。

翻旧账会让学生感到不被信任，认为自己在这段时间里做的努力没有意义。既然努力了也不能改变什么，不能让自己变得更好，那干脆放弃努力算了。因此，在这一过程中，学生更需要的是鼓励，而不是经常性的旧事重提。

因此，最好的方法是，教师要保持冷静、理智，绝不在气头上批评学生，以免自己说出伤害学生自尊的话，真正做到：把批评当作改变学生行为的工具，而不是宣泄自己情绪的手段。

3. 以退为进，总能取得意想不到的效果

中国自古以来就有尊师重教的优良传统，再加上教师需要确保学生能遵守校纪班规、课堂纪律，就不得不时常展示出自己强势的一面。这导致教师在学生眼中是高高在上的，不免会产生一些警惕心理。

《左传》中有一句"非我族类，其心必异"，在当今这个时代，这句话已经不那么适用了，但是还会产生一定的心理作用：在沟通的时候，一方认为自己和对方没有处在同一阶级，对事物有

了不同的认知，其第一选择就是不会相信、不愿相信。

以此类推，如果教师通过正常的沟通方式没有办法让学生听话，往往就会选择更加强势的态度来沟通，甚至拿出一些惩罚方案或者用告诉家长等办法来教育学生。

有一部分学生对于教师的警惕心是很强的，他们并不觉得教师和家长让他们做的事情是为了他们好。因此，教师表现得越是强势，他们就越要反抗；教师给的压力越大，反抗的力量也就越大。

这种逆反心理一旦出现，学生不仅会把教师当成与自己不同阶级的人，甚至还会主动站到教师的对立面。一旦形成这样的局势，无论教师说什么都没有用了。所以，面对这样的学生时，教师不妨表现得不要那么强势，尝试以退为进的方法，或许能取得意料之外的效果。

到了九月份，张晗就要成为八年级的学生了。张晗从小的性子就大大咧咧，爱说爱笑，爱玩爱闹；父母却和张晗不太一样，都是非常严肃的人。因为性格问题，张晗从小到大没少挨父母的批评。但是，她始终没有改变过。

随着张晗的长大，父母开始采用各种"套路"来改变她。而张晗数次识破父母的计划以后，开始对成年人产生了不信任感，特别是对教师和父母的要求，她总是思索再三才会决定要不要去做。

开学了，重新分班，张晗的班主任也从一名年轻的女教师变成略微有些年纪的梁老师。梁老师与之前盛气凌人的女教师有些不同，他戴着一副眼镜，说话总是慢条斯理的，对学生讲课的时候脸上会一直带着微笑。不过，在"斗争经验"非常丰富的张晗眼中，这一切不过是伪装而已，在她看来，这样的"笑面虎"才最可怕，因为他们总会在背后做些小动作。

一天，在梁老师教的地理课上，张晗正和同桌说话。梁老师讲了一会儿，不动声色地走到她的课桌前用手敲了敲桌面，用只有她能听见的声音说："张晗同学，你有什么事情等下课了再和同桌说，可以吗？"

对于这种情况，张晗有着丰富的经验，直接跟教师说"不可以"是不明智的，于是，她也同样小声地说："好的，梁老师，我不说了。"不过，等梁老师回到讲台，她又迫不及待地和同桌继续说起来。

张晗说得兴高采烈的时候，听见梁老师在讲台上面带微笑地说："张晗同学，我看你跟同桌说得这么开心，能不能和大家分享一下呢？"

听到梁老师的这种语气，张晗马上一想："真不愧是笑面虎啊，不会直接批评你，只会阴阳怪气地说话，还打算用这种当众羞辱的方式让我以后在课堂上不要讲话。不过我不怕，不就是站起来说几句话嘛。"

于是，张晗站起来大声地说："我正在和同桌说，最近的天气实在太干燥了，洗完澡后即便涂了润肤霜，还是会觉得身体有些发痒。之后，我还分享了一下什么品牌的护肤品更好，能避免皮肤干燥的情况。"张晗说完用挑衅的眼神看着梁老师，似乎在说："看你这下怎么收场！"

没想到，梁老师点了点头，挥手示意张晗坐下，接着说："张晗同学的这个话题非常好，我们前几天刚刚讲了气候的问题，张晗同学的困扰就是气候问题的一种。我们所在城市是典型的大陆性气候，夏季湿润、炎热，冬季干燥、寒冷。现在夏季已经过去了，冬季虽然还没有到来，但的确一天比一天干燥。如果有同学洗完澡之后觉得皮肤发痒，就要学习张晗同学涂一些润肤霜。男生也不要不好意思，保护自己的皮肤就是保护自己的健康，很重要的。那么，大陆性气候的另一特征是什么，张晗同学能说说吗？"

张晗又站了起来，想了想前几天学过的课程，小心翼翼地说："早晚温差大？"

梁老师点点头说："张晗同学的回答很正确。现在刚刚到了秋季，早晚温差就已经很大了，相信大家早晨上学的时候已经觉得天气有些冷，但是中午的时候还是像夏天那样炎热。面对这样的天气，我建议大家带一件外套，早上穿着外套来上学，中午放学了就把外套放在教室里，晚上再把外套穿回去，这样才能避免着凉。"

在这节课接下来的时间里，张晗没有再跟同桌说话。当时，她整个人都有点儿懵，没想到梁老师会用这样的方式来对待她课堂说话以及挑衅的态度。她开始觉得上课好像也没有那么无聊，因为自己学的知识居然可以运用在生活里。

从那以后，张晗上课时的小动作越来越少，认真听课的时间越来越多。虽然她和同桌仍然有聊不完的话题，但也开始克制，避免在课堂上聊天了。

过了一段时间，学校要举办辩论赛，梁老师替张晗报了名。张晗很是奇怪，她的学习成绩并不算好，实在想不通梁老师为什么会推荐她参加辩论赛。

怀着忐忑不安的心情，张晗对梁老师提出了自己的疑问。梁老师面带微笑地告诉她："我觉得你在语言方面很有天赋，不是因为你的话说得多，而是你说话有条理、有因果，逻辑缜密。相信经过一段时间的训练，你肯定能行。"

从和梁老师沟通交流到辩论赛举办的这一段时间，张晗再也没有在课堂上与别人闲聊过。上课的时候，她认真听讲，下课就读梁老师帮她找来的一些关于辩论方面的书籍。

辩论赛上，张晗所在的辩论小组并没有获胜，但这个口齿伶俐的女生却给所有人留下了深刻印象。同时，张晗心中对于"老师"这一形象的看法也有所转变，原来老师并不像她想象的那么讨厌。

相信大家都听过舌头和牙齿谁更强大的故事，刚则易折，在教育学生这件事情上同样适用。一味采用强势的态度给学生施加压力，逼迫学生朝着教师想要的方向走，这不可能适用于每个学生。

柔能克刚，面对那些态度强硬的学生，应该使用以退为进的方式，用怀柔的方法、引导的话语让学生走到教师想要的方向上去。

只要用对方法，不仅能改变学生的状况，更能改变师生关系，让学生真的觉得自己和教师不是敌人，是能站到同一战线上的战友。

4. 强化学生的尊重与协作意识

尊重与协作，这两个词对很多人来说一定不陌生。对成年人来说，许多事情不是单打独斗就能完成的，要依靠团队的力量。尊重他人是协作的基础，只有懂得尊重他人，才能获得帮助，融入集体，达到协作目的。

学生尚未步入社会，无论是尊重还是协作，对于尚未成熟的他们来说仍处于一知半解的阶段。如果能让学生真正了解尊重与协作，并且好好地培养这种意识，就能够保证课堂纪律被遵守。

既然现在重点在谈尊重与协作这两点，我们就分别谈谈究竟需要告诉学生哪些内容。

尊重，在我们的生活中无处不在——早上要好好吃饭，不仅是因为要保证身体健康和饱满的状态，更是对父母制作早餐的尊重；走在路上不乱丢垃圾，除了要好好保护环境外，更是对环卫工人的尊重。对于上课这件事，同样如此——教师在讲台上讲的每一句话，都是用大量时间和精力准备出来的，还包含教师从业多年的经验以及心得体会；教师将这些内容传递给学生，就是希望学生能学到知识，获得自身素质的提高与学习的进步。所以，学生上课时认真听讲，也是尊重教师的表现。

认真听讲，不扰乱课堂秩序、不破坏课堂纪律，也是对父母养育之恩的尊重。我们国家规定适龄少年儿童要接受义务教育，但是学生去学校上课，父母也是有许多付出的。经济上，是父母辛勤工作所得报酬支持孩子的日常生活开销。《悯农》中说："谁知盘中餐，粒粒皆辛苦。"父母的工作虽然与农民种田不同，但同样付出了劳动——上课不认真听讲，扰乱课堂秩序，这种行为本质上与糟蹋粮食没有什么区别。

父母对孩子在学校的表现是带着期盼的，谁都希望自家孩子各方面的成绩优异，将来至少能有个好前程。孩子经常破坏课堂纪律，不认真上课，显然辜负了父母的一番殷殷期待。这种行为，就是对父母的不尊重。

破坏课堂纪律，也是一种对同学的不尊重。

不是每个学生都不知道学习的重要性，也不是每个学生都觉得课堂上教师讲的知识是枯燥乏味的。有些学生想要获得更多知识，而有些学生扰乱课堂秩序、破坏课堂纪律显然会对他们造成影响，让他们没有办法集中精力好好学习。

最重要的一点，破坏课堂纪律也是对自己的一种不尊重。

每个人都有属于自己的角色，并且要承担该角色应承担的义务。学生最重要的职责就是学习知识，如果学生不学习知识、不参与劳动、不为家庭作贡献，只懂得享受，岂不是一种不劳而获？因此，学生在享受权利的同时，就必须要尽自己的义务——认真学习知识的同时，还要健康成长。

当个人进入集体以后，他就不得不面对协作这件事情。作为一个学生，从小处说，是班里某个小组的一员，是某个班集体的一员；从大处说，是整个年级的一员，是整所学校的一员。个人的荣辱，是与集体绑在一起的，一荣俱荣、一损俱损。所以，当某个学生破坏课堂纪律的时候，教师万万不能将其与整个班集体割裂开来，反而应该要将其与班集体绑得更紧。

经常有教师这样说学生："这次的考试题这么简单，其他人考得都挺好的，就你一个不行。"这种话会把学生与整个班集体割裂开，让学生认为自己不是集体的一员。这种观念一旦形成，再想把学生拉回集体就很难做到。

从最开始就让学生意识到自己和班集体是绑在一起的，自己和其他同学共同构成班这样一个大集体，会有意想不到的效果。

顾维是一名年轻的教师，虽然他缺少经验但不缺少信心，因为他有一个特别好的习惯，就是喜欢观察。他认为，细心观察学生，能更加了解学生在乎什么，有什么性格特点。知道了这些，他就可以从学生的特点入手，改掉他们身上的不良习惯。

班里有个男生小斌是个运动健将，无论是打篮球还是踢足球，他都是一把好手。午休时和晚上放学后，他都要抽时间跑到操场去玩一会儿。

一次，小斌约了几个同学与隔壁班的几个男生一起打篮球，即便知道己方实力远远不如对方，小斌还是努力给伙伴加油打气。打完球，顾维发现小斌表现出从未在他身上出现过的沮丧。

顾维之所以关注小斌，是因为小斌是个典型的课堂纪律破坏者——他大多数的精力和注意力都用在了球场上，上课的时候不是睡觉就是闲聊，还经常和其他几个调皮的男生互相丢纸条。

小斌的行为不仅影响他自己的学习成绩，还影响了周围的其他同学。顾维观察他许久，终于想到一个改变他的办法。

一天，顾维把小斌叫到办公室，语重心长地对他说："咱们班级是一个集体，你是集体中的一员，这就跟你打篮球一样，你和伙伴们要互相配合才能拿到胜利。所以，即便你自己打篮球的水平很高，只要有一个伙伴拖后腿，结果就可想而知。你想想，破坏课堂纪律会让大家都学不好，到了期末考试的时候，咱们班考不好，不也是给你自己丢脸吗？如果你的课堂纪律能好一点儿，大家都能认真听课，到时候，咱们班就是年级最好的班级了。"

顾维的话刚刚说完，小斌就已经羞得满脸通红，马上拍着胸脯说："顾老师，以后你就看我的表现吧！我保证，绝对不会再破坏课堂纪律影响大家听课了。"

小斌的保证是有效的。从那天开始，他把打球的时间缩短到只有午休的那一小会儿；上课时，他认真听讲，不再和同学聊天。他不仅约束好了自己，还开始管其他同学——一旦班里有其他同学调皮捣蛋、交头接耳破坏课堂秩序，小斌就会去制止。因为他在男生中较有威信，班里的学习风气一下子好了很多。

到了再一次考试的时候，小斌的成绩有了明显提高。顾维为了激励小斌继续发挥学习的潜力，就让他做了班干部。一个学期以后，小斌居然成了班级里学习最好的几个学生之一。小斌的父母还特意打来电话，感谢顾维对小斌的照顾。

尊重与协作，是建立秩序的关键内容。课堂纪律就是秩序中的一种，缺少了尊重与协作，整个环境就会处于无序状态。所以，想要保持课堂纪律，教师不妨试着培养学生的尊重与协作意识。

5. 为课堂增添一点儿趣味性

无聊是一件非常可怕的事情。人在无聊的时候，会情不自禁地放开自己的思想，让它飘散在空中，肆意翱翔。如果是在休息的时候这样做，会有利于精力和体力的恢复，但学生在课堂上学习的时候是绝对不行的。

许多教师认为，课堂是神圣的地方，应该把更多的知识传授给学生。但教师没有注意到一味这样做下去，有时候会让学习变成一件无聊的事情。

每个人的学生时代，都有属于自己不同的精彩。对于学生来说，这个世界是那么新鲜，几乎每天都有需要关注的新事物。在无聊的课程与美好的生活中二选一，除了那些责任感极强、目的明确的学生外，其他学生自然很难把注意力集中起来。

因为严肃的讲课内容往往会让部分学生无法集中注意力，教师就要为课堂增添点儿趣味性，这样才能达到让全部学生都集中精力学习的目的。不过，如果这两者相互冲突，最终受到影响的还是学生。

当学生试图摆脱无聊在课堂上寻找乐趣的时候，破坏课堂纪律的事情就会发生——或许是交头接耳，或许是拿出一本课外书，把精神集中在虚构的故事里。

在课堂上为讲述的内容增添一点儿趣味性，是否就能让学生对学习更有兴趣，减少破坏课堂纪律的事情发生呢？当然是能，因为"知之者不如好之者，好之者不如乐之者"。

当学习变得有了乐趣、不再无聊的时候，学生自然愿意把注意力集中在课堂上，而不是忙着开小差。如今，意识到这一点的教师已经越来越多，但究竟从什么地方为课堂带来乐趣，尺度在哪里，这就成为教师必须面对的问题。

这里，我谈几点方法，希望能起到抛砖引玉的作用，给各位带来一点儿启迪。

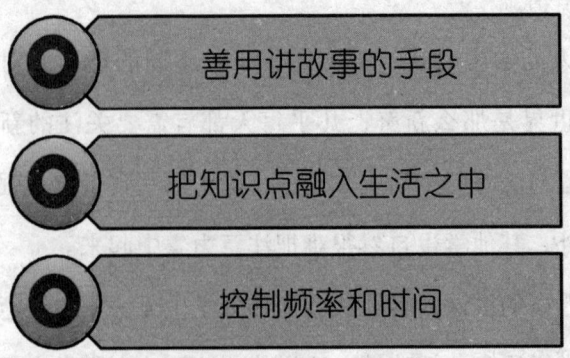

善用讲故事的手段

把知识点融入生活之中

控制频率和时间

增添课堂趣味性的要点

第一，善用讲故事的手段。

课本中的知识自然是严肃的，但课本外的故事却非常丰富。那些物理学家、数学家身上都有许多有趣的故事，语文、历史这些课本外有趣的故事更是数不胜数。如果在备课的时候，教师可以事先准备一两个小故事，定能吸引学生的注意力。

教语文的杜老师在为学生讲解《凌虚台记》时，不仅谈到这篇文章是苏轼为当时的上司陈希亮太守建造的凌虚台所作，还谈到了陈希亮的四儿子陈慥。陈慥本是个游侠一样的人物，豪爽大方，不拘小节，勇猛无畏，是苏轼一生的朋友。不过，陈慥在外面是一方豪侠，回到家里却是个小猫一样的人物——他非常害怕妻子，以至于妻子在大声说话时都会吓掉手里拿着的筷子。这件事情发生的时候，苏轼也在场。苏轼性格诙谐，事后就作了一首诗嘲笑陈慥。大家所熟知的成语"河东狮吼"，说的就是陈慥的故事。

原本学文言文是让学生非常头疼的事情，因为文言文本身就晦涩难懂，而像《凌虚台记》这种文章又没有趣味性。在杜老师准备讲述的时候，学生都准备好了要么昏昏欲睡，要么神游天外。

可是，杜老师用一段有趣的小故事就把所有学生的注意力牢牢地吸引住了，在讲课的过程中，还穿插讲述了苏轼与陈太守的关系。整堂课下来，学生不仅听得津津有味，还增加了许多记忆点。

第二，把知识点融入生活中。

许多人参加工作后经常抱怨，上学时学的知识，等到毕业以后用到的很少或者根本用不上。

其实，当下大多数学生也是抱着这样的想法。都说学好数理化，走遍天下都不怕，可我们毕业以后不需要再考试，这些知识真的还有用吗？

因此，在学生的心中，知识与生活之间的距离非常遥远。如果把知识与生活割裂开来，自然很难让知识变得有意思起来。但如果两者能很好地结合起来，知识也会变得妙趣横生。

唐辉是一名教物理的老师，一次，他在为学生讲述声音传递知识时举了一些简单的例子。

学生很容易就听明白了这个道理，没有太多的兴趣，学习兴致不高。于是，唐辉又开口说："现在许多学生在课后有听音乐的习惯，我本人也喜欢听一些流行歌曲。以前，我们都是用收音机听，现在人人都有了音乐设备，也越来越重视私人空间，于是都用耳机听了。我刚刚讲了声音传递的知识，那么，有谁知道耳机是怎么接收声音的吗？"

看着讲台下学生的注意力都被吸引过来，唐辉接着说："其实，这和我们今天讲述的内容没有太大区别。简单来说，声音靠介质传播，由振动产生。

"手机里的音乐是一种虚拟的电信号，这种电信号传递到耳机里，耳机里的发声单元就会因为信号的不同产生不同的振动幅度，产生各种各样的音效，最终组成了音乐。

"有些同学经常会比较谁的耳机音质好，这就表明不同耳机的发声单元数量不同，材质也不一样。我们刚刚学过，声音的音调与声波频率有关，耳机的发声单元越多，音调就越丰富，音乐也就越好听。"

短短的一番话，唐辉就把今天课堂上讲述的知识和学生感兴趣的内容联系了起来，不仅抓住了学生的注意力，还加深了学生对声音传递知识的印象，可谓一举两得。

第三，控制频率和时间。

虽然让课堂变得生动有趣可以抓住学生的注意力，但千万不能忘记教师教学的主要目的，那就是要让学生学习到知识。如果因为吸引学生的注意力而影响了正常的讲课进度，那就有些舍本逐末。所以，教师必须要控制授课时插入其他内容的频率和时间。

讲述相关课外内容的频率不是越高越好，但也不能太低。

如果学生对知识本身不是很感兴趣，教师设定的有趣环节可能只会让学生集中几分钟的注意力。这时，教师需要根据授课时间的长短而多设定几个环节。但如果频率太高，学生就会把注意力集中在知识点之外，这虽然能有效维持课堂纪律，却有些得不偿失。

教师对于时间的控制也非常重要。一个较长的故事虽然有趣，能让学生集中注意力，但也有可能造成学生注意力的转移。还有，如果学生把注意力都放在精彩的故事上，也难以达到学习知识的目的。

把课堂变得生动有趣，既可以让学生把注意力集中在教师讲述的内容上，又能减少破坏课堂纪律的事情发生，是一件一举两得的好事。

不要认为严肃的、寂静无声的课堂就一定是好的，有时候，那些会不时飘出笑声的课堂反而更有效率。

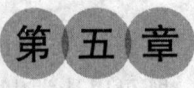

第五章

青春叛逆爱找碴儿，
教师该怎么说

在学生进入叛逆期以后，教师和家长就成为他们反抗的对象。这些喜欢找碴儿、喜欢和教师对着干的学生，只不过是不成熟的心理在起着作用，与其针锋相对，不如春风化雨、以柔克刚。

1. 保全学生的自尊心是第一要务

曾看过这样一则新闻：某男子在路上偶遇自己二十年前的初中班主任，顿时勾起该教师曾经当众羞辱自己的记忆，于是该男子秉承"君子报仇，十年不晚"的想法，冲上去当街甩了班主任数个耳光，还把这个过程用手机录了下来。当然，这名男子最终为自己的所作所为付出了代价。

作为一名教师，看到这样的新闻着实感到有些痛心疾首。男子当街打人固然不对，但时隔二十年却依然能刺激他做出这样的事情，可想而知，当初该教师留给他的阴影和伤害有多大。

无数的事实已经证明，一个人在成长过程中遭遇到的伤害，往往可能影响到这个人的一生。这是因为，人的性格、"三观"、思维等都是在他成长过程中一点点塑造形成的。

这就意味着，在整个成长过程中，我们所遭受到的一切不论好与坏，都可能烙印在我们的灵魂深处，造成的后果往往会出现两个极端——飞速成长或坠入深渊。这也是很多人无法与原生家庭和解的重要原因。

当然，我相信绝大多数教师对学生造成的伤害都不是恶意的，只是教师也是普通人，也会被情绪所左右，尤其是遇到那种爱找碴儿的顽皮学生时，更可能在一气之下说出一些比较难听的话，或做出一些比较过分的举动。但理解归理解，教师身为学生的引路人，平等地对待每一个学生、呵护每一个学生的自尊心是必备的职业素养，这是不可辩驳的。

冯瑞是我们学校的一名老教师，深受学生们的喜爱。无论面对多么令人头疼的学生，他都能够用包容的心态和平和的态度去对待，跟他们交流。冯老师的这一点，着实让人佩服。

一次，新来的年轻教师蔡清扬因为在课堂上跟班里的一个学生起了冲突，甚至险些大打出手，被领导直接叫去谈话。

事后，蔡清扬也很后悔，觉得自己当时的态度和行为确实不对，但那个学生也的确是他班上的刺儿头，没少给他找麻烦，有时候让人恨得牙根痒痒。

后来，蔡清扬向冯瑞讨教，看有没有什么秘诀可以控制住自己的脾气，让自己像冯老师那样，无论遇到怎样的学生都不会被愤怒冲昏头脑。冯瑞当然不可能拿出所谓的秘诀，但他跟蔡清扬分享了自己年轻时候的一件事情。

那时候，冯瑞刚刚做教师，他所带的班级里有一个男生付磊特别调皮，是当时学校有名的刺儿头，让无数教师头疼不已。

一次，付磊上课迟到，这一节课正好是冯瑞在授课，而且那时候差不多要下课了。看到姗姗来迟的付磊，冯瑞心里很不高兴，板着脸问他："你去干什么了？为什么这么晚才来？"

付磊一副吊儿郎当的样子，回答说："路上遇到一位老奶奶摔倒了，我送她去了诊所呗。"

听到这话，冯瑞更加生气，这理由和"扶老奶奶过马路"没有什么区别，完全就是敷衍老师的借口！于是，冯瑞冷下脸说了一句："迟到就算了，还满嘴没一句实话！"

冯瑞这么一说，付磊的火气也上来了，冷笑了一声，说道："冯老师，你这么说什么意思？你是说我撒谎？我犯得着吗？"

说完这句话，付磊直接提着书包转身走了。冯瑞当时也没把这件事放在心上，在他看来，自己根本没有说错什么。

让冯瑞没想到的是，过了几天，居然还真的有人到学校来向付磊道谢，甚至还送了面锦旗。冯瑞这才知道，原来付磊那天说的让人觉得非常敷衍的迟到理由，居然是真的。

发现自己冤枉了付磊，冯瑞的心里很是过意不去，也很挣扎：一方面，他觉得自己应该向付磊道歉；另一方面，他又觉得有些放不下面子，而且付磊平时也不是什么乖乖宝，即使不向他道歉，想必也不会有人说什么。

但最终，冯瑞还是觉得为人师表应该知错就改，自己错了就是错了，不应该给自己找任何借口。于是，冯瑞特意在班上当着全班学生的面，郑重地向付磊道了歉。

当时，冯瑞这么做，就是因为觉得自己真的犯了错，自然应该向对方道歉。令他感到惊喜的是，这件事情过后，付磊好像突然收敛了自己身上的"刺"一样，不再像从前那样总是找碴儿、跟教师对着干，做错事情被批评的时候，也不再像从前那样总是顶嘴了。

冯瑞告诉蔡清扬，从那件事之后，他突然意识到，保全学生的自尊心是一件多么重要的事情。如果当时自己没有主动向付磊道歉，这件事必然会成为付磊心中一个难解的疙瘩。因为这个疙瘩，付磊可能会变得更加叛逆，更加不信任教师。

因此，在后来无论遇到什么样的学生，冯瑞都会告诫自己不可先入为主，贸然给学生贴上"好"或"坏"的标签，更不能因一时之气就对学生口不择言。有时候，因为你的一句话，就可能毁掉一个学生的一生。

每个班都会有听话的学生，同样也会有不听话的学生。作为教师，当然希望自己教的每一个学生都能乖巧听话、尊师重教。但换个思路想一想，我们的责任不就是教导学生、帮助学生吗？所以，既然选择了这份职业，就必须承担起相应的责任。而这份责任，与我们所教导的学生到底有怎样的心态没有太大的关系。

因此，教导学生的时候，不论出于怎样的目的，但凡是伤害学生自尊心、侮辱学生人格的话语和行为都是不应该出现的。正所谓"教书育人"，教师除了要教授学生知识，还肩负着培育学生、引导学生从懵懂走向成熟的重任。

2. 暂避锋芒，避免正面冲突

每当接手一个新的班集体的时候，大多数教师都会在心里祈祷：顽皮学生千万不要来！

对于教师来说，调皮捣蛋的学生，绝对是最让人头疼的一类学生。他们不仅自己不爱学习，还总是喜欢打扰同学学习，似乎每时每刻都有着过于旺盛的精力无处发泄，只能靠破坏规则来宣泄自己内心的躁动。

如果只是调皮捣蛋也就算了，顽皮的学生最大的问题在于不服管教。即使他们因为做错事情而遭到教师的批评，往往也不会表现出惭愧改正的样子，反而可能会直接当众顶撞教师。

面对这样的学生，脾气再好的教师恐怕也会被气得上火。

但不得不说，面对顽皮的学生时，正面冲突绝对不是一个明智的选择，因为他们的一大特点就是：你强，他更强。你越是当众批评他，他就越会变本加厉地反击你，到最后，你就只能把自己气得心率过速、血压升高。

更重要的是，现在的学生与从前的学生相比出现了一个很大的变化，那就是他们不再"怕"教师了，甚至在发生冲突时，把教师做出的一些不当行为作为把柄，对教师倒打一耙。

彭老师就遇到过这样的事情，虽然事情过去了好久，他也一直为自己当时的冲动感到懊悔不已。

跟彭老师发生冲突的，是班上一个名叫李伟的男生。李伟是让所有任课教师都头疼的那种顽皮学生，遭到教师的批评或者教师去家访，他也不在乎，什么都无所谓。学习不好，他不着急；上课时候打扰到同学，他也不羞愧……更重要的是，就连他的家长似乎也不怎么关心他的教育问题。

事情发生在周二上午，彭老师在上英语课。当时，彭老师刚把班上学生的测试卷发完，留有几分钟时间让学生看下自己的分数和错题，之后便开始讲解卷子上的内容。正讲到一半的时候，彭老师突然发现李伟在睡觉，顿时感觉气不打一处来。

事实上，李伟已经不是第一次在课堂上睡觉了。但这一次情况比较特殊，几天前彭老师就多次叮嘱学生，无论平时有多捣蛋，今天一定要好好表现，因为今天有校领导来检查。

彭老师不是那种古板的教师，跟学生的关系也比较亲近，即使是那些平时比较调皮的学生，这时也都会给他几分面子。所以，在看到李伟趴在桌子上睡觉的时候，彭老师的心里比较窝火，还感觉有些受伤，就好像好朋友背叛了自己一样。更何况，几分钟前，彭老师又接受了李伟的英语成绩从来没有及格的冲击，自然感觉更上火了。

于是，彭老师把李伟叫醒之后，当众批评了他几句。

原本只要李伟认个错，这事也就过去了，可偏偏李伟是个顽皮学生，还特别要面子，被彭老师这么当众一批评，顿时不干了："彭老师，要不是你讲课讲得这么无聊，我会睡得着吗？毕竟我这人觉轻，晚上还经常失眠，可一听你的课睡眠质量就很好，你觉得这是为什么？"

听到李伟怼老师的话，不少学生发出低低的惊呼声。面对李伟的挑衅，彭老师自然也不甘示弱，在言语的刺激下，他拉着李伟往教室外面拖，最后两个人居然撕扯起来……

最终，因为这场课堂风波，彭老师被调去了别的学校，李伟则被记了大过。之后不久，李伟就辍学了。

对于这件事情，彭老师一直耿耿于怀。虽然李伟辍学不完全是因为这件事，但彭老师总会忍不住地想，假如当时自己不那么冲动，是不是就不会发生这一系列的变故呢？

人在年少时总会做出很多冲动且愚蠢的事情，这是因为，那时候的我们还不能很好地掌控自己的情绪，容易被突如其来的情绪冲昏头脑，失去理智。但身为一个成年人，尤其是身为一名教师，学会控制情绪是非常重要的。

教师这项职业，本就是需要和不成熟的学生打交道。如果连我们自己都没有办法控制好情绪，没有办法保证在任何情况下都用理智去思考问题，而是沦为情绪的奴隶，那么我们又如何去引导学生、帮助学生更好地认识自己，让他健康成长呢？

更何况，在这个时代，作为一名教师，但凡是和学生发生正面冲突，无论事情的前因后果如何，无论教师究竟占不占理，都免不了会遭受学生家长的指责。

换言之，避免和学生发生正面冲突，实际上也是教师对自己的一种保护。毕竟我们总要考虑到，如果学生或家长将教师在情绪激动之下的过激行为当作把柄，抱着"就不让你好过"的想法，对教师甚至是学校都会造成负面影响。

因此，面对顽皮学生的挑衅，最好的方法就是暂避锋芒，避免与学生发生正面冲突。而且，很多时候只要激动的情绪得以平复，你会发现，他们其实并没有那么难对付——你强，他更强；如果你避开他的锋芒，他自然也就失去了"攻击"的目标。

3. 以"我理解你"作为谈话的开始

每个班级都会有那么几个顽皮学生，他们不爱学习，总是做出一些让教师无法忍受的捣蛋行为。如果你批评他们，那么你说一句，他们可能回顶你十句，简直就是油盐不进，让人无从下手。

面对这样的顽皮学生时，很多教师可能会陷入自我怀疑：他为什么要这样对我？是不是我做错了什么？难道我真的是一个失败的教师吗？

也有一些教师可能会被激怒，以至于说出过激的话，或做出过后让自己追悔莫及的事情。其实，要处理顽皮学生的问题并不难，只要摆正心态，找对方法攻入他们的心房，你就会发现——他们和其他学生其实并没有什么不同，露出的尖刺也只是为了保护他们自己那脆弱的内心罢了。

那么，具体应该怎么做才能让我们撬开顽皮学生的心房，和他们建立起有效的沟通呢？

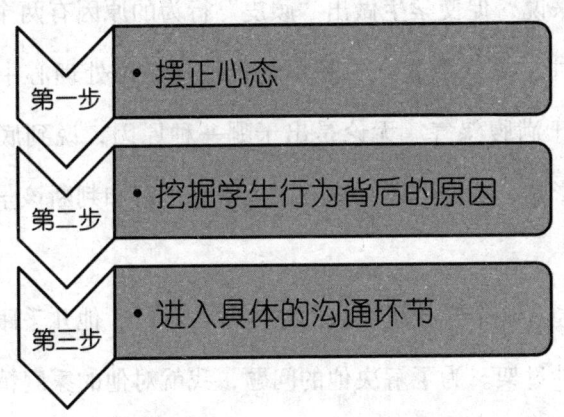

第一步 • 摆正心态

第二步 • 挖掘学生行为背后的原因

第三步 • 进入具体的沟通环节

与顽皮学生建立有效沟通步骤

首先，要摆正心态。

面对顽皮学生的捣乱，身为教师的我们一定要先稳住自己的心态，理智地看待这件事情。我们首先应该明白，无论这类学生做了什么，都不是为了针对某个人。换言之，无论谁站在这个讲台上，他们都会这么做，并不是因为"我"站在讲台上才导致他做出这样的行为。

只有先稳住心态，保持理智，我们才能更加谨慎、高效地处理问题。否则，在情绪化的影响下，我们很可能会不自觉地与这类学生对立起来，导致问题愈发严重。

其次，挖掘学生行为背后的原因。

任何看似无理取闹的行为背后，一定有催化其产生的原因。要想一举攻入这类学生的心房，我们就必须了解促使他们做出这些行为的真实原因。

通常来说，促使学生做出"顽皮"行为的原因有两个：一是为了引起关注，哗众取宠；二是不懂得如何正确处理心中的负面情绪，以至于满腹怨气。无论是出于哪一种原因，说到底可能都来自家庭的影响，我们可以从这方面入手去了解和判断该学生的心理状态。

我曾经有一个学校里有名的顽皮学生小贾，他几乎跟每一名任课教师都吵过架。为了解决他的问题，我就对他的家庭情况进行了一番调查和了解。

小贾的父亲是个做建材生意的老板，文化程度不高，平时忙于业务经常不在家，与儿子的沟通也不多，并且常常使用命令式的口吻跟妻儿交流。小贾的母亲则性格温和懦弱，思想比较传统，是个全职太太，平时就负责照顾家里人的生活起居，凡事都听老公和儿子的，自己比较缺乏主见。

在这样的家庭氛围影响下，小贾的内心非常苦闷，十分渴望得到父母的爱与关注，但父亲与他的交流实在太少了，母亲对他又几乎可以说是"放任自流"。更糟糕的是，父亲强硬粗暴的沟通习惯和母亲的懦弱让他产生了一种错误认知，认为逞凶斗狠是一种非常具有男子气概的行为，尤其在学校和教师斗狠，更是一种挑战权威的"勇敢"行为。

最后，进入具体的沟通环节。

当我们对学生有了比较深入的了解之后，就可以进入沟通的环节。很多问题学生之所以"难搞"，最重要的一点就在于他们对教师和家长都始终抱有一种抵触的心理，情绪掌控力较低，敏感易怒，有时哪怕知道自己做错了，也依然可能因为这种抵触心理而选择死不认错，甚至通过谬论逻辑把错误的行为合理化、正常化。

所以，在和顽皮学生沟通的时候，一定要先想办法打消他们的"敌意"，让他们明白我们不是敌人，而是和他们站在同一阵线的朋友，之后的谈话才能顺利进行下去。

再说回我那个顽皮学生小贾。因为小贾的性格敏感易怒，情绪也特别容易失控，所以一开始，他在课堂上有违纪行为的时候，考虑到他的性格问题，任课教师都没有当场指出与批评，而是私下跟他进行交流，提醒他不要再这么做。结果，每次小贾嘴上答应得非常痛快，下次上课时却依然如此，没有任何改变。

由于这种过分温和的手段未能达到教育的目的，任课老师开始改变策略。在小贾又一次违反课堂纪律的时候，英语教师直接指了出来。小贾不仅没有反省自己的错误，反而当场出言不逊，跟英语教师大吵一架，甚至扬言："我再也不来学校了！"

为了这事，我作为班主任对小贾进行了多次家访，跟他的父母沟通，和他谈心。

在这个过程中，我发现小贾的父母和他的沟通方式存在很大的问题。小贾父亲的态度十分强硬，对小贾只有训斥和命令，而小贾母亲似乎只关心他的生活起居，其他事情即便有所不满也只是在一边低声抱怨，却没有想过和他交谈、沟通。

和小贾谈心时，为了打消他的防备和敌意，我对他说："其实，老师明白你不是一个坏学生，也不是故意跟老师对着干。你之前学习不错，升学之后发现遇到了一些困难，这些困难让你觉得很挫败，很有压力……还有之前那些事，你心里也知道自己做得不对，只是觉得在老师面前低头没有面子、丢脸，对不对？其实，老师都能理解这种感觉，人嘛，都有个人情绪的时候……"

在那次谈话中，我发现，每当我站在小贾的立场和角度表达对他的理解，甚至把他内心的感受说出来的时候，他都很有触动，眼圈还悄悄红了。

事后，我又跟小贾的父母进行了一次交谈，指出他们与孩子沟通时存在的问题。在他们的认知里，儿子就是个不听话的孩子，什么批评指责对他都毫无用处。不过，他们还是接受了我的建议。

其实，很多时候，"顽皮"学生不代表就是不讲道理、不能沟通，只是那敏感脆弱的内心和自尊不容许他们因为一件事情而"低头"。他们同样渴望得到理解和关怀，渴望有人能教会他们如何更好地排解内心积压的负面情绪，然后用正确的方式来处理学习和生活中遇到的种种问题与压力。

4. 打一巴掌给个甜枣吃

强词夺理，逃避错误，推卸责任——这是很多人身上都有的坏习惯。成年人都如此，更何况心智尚且不成熟的学生呢？

对于顽皮学生来说，其实他们正是将这些特质都"放大"了——当他们犯错的时候，他们会下意识地推卸责任，甚至连自己都被自己说服了，相信一切错误都在别人身上。

上课睡觉？那一定是因为教师的讲课水平差，把课上得太无聊了。和同学打架？那一定是因为同学有问题，招惹了自己。不交作业？那一定是教师布置的作业太多了，根本写不完……总而言之，一切都是别人的错。

正是因为有这样一种心态，所以很多时候，顽皮学生总会给人一种油盐不进、什么道理都说不通的感觉。但实际上，他们并不是没有廉耻心，也不是他们真的完全不讲道理，而是因为他们真的认为错误都在别人身上——他们的强词夺理不仅"对外",也"对内"。

因此,面对这类学生的时候,要想攻破他们的心防,就必须先瓦解他们的狡辩心理,让他们无话可说而不得不面对自己的错误。

陈泽是邝老师班上有名的顽皮学生,不仅经常惹恼各科老师,而且犯错的时候从来都不肯承认,总能想尽办法给自己找理由、挑对方的不是。

学校里很多学生有一个不太好的习惯,那就是喜欢把学习用书都放在课桌上高高地摞起来,试图用这种方法来遮挡教师的视线,便于自己藏在书后偷偷地搞小动作。因为这样,学校方面出台了一个新规定:所有学生课桌上摆放的书不能超过六本。为了推行这个新方案,学生会成员每周抽出两天早读时间逐个班进行检查。

一天早读,正好是学生会检查的日子。邝老师就在班上提醒学生,把多余的课本都收进课桌里。班上大部分学生在邝老师的提醒下,都自觉地把多余的课本收了起来。但陈泽依然在做自己的事情,根本没有在意邝老师的提醒,而他的课桌上少说也摆放了十本书。

第一次提醒之后,邝老师发现陈泽没有动作,在教室里转悠了一圈之后又回到陈泽的课桌前,第二次提醒他。结果,陈泽不耐烦地应了一声:"知道了!"可是他依旧没有任何动作。

到第三次提醒的时候,邝老师的怒火上来了,而陈泽也表现得越发不耐烦，甚至还小声说邝老师像《西游记》里的唐僧一样爱唠叨。陈泽的态度彻底激怒了邝老师，早读还没有结束，他就直接把陈泽叫去了办公室。

刚开始，邝老师是非常生气的，把陈泽叫去办公室，也是不想自己的斥责声打扰其他学生早读。但在去办公室的路上，邝老师渐渐冷静下来。他知道，即使自己再怎么批评陈泽，对方也只是左耳进、右耳出，根本不会放在心上。

到了办公室的时候，邝老师已经冷静了下来。他先是心平气和地把陈泽的所做所为与学校的规定发生冲突说了一通，然后问道："老师的要求过分吗？是有什么问题让你做不到这点？作为一名学生，你这样毫无缘由地顶撞老师，你认为自己做得对吗？"

听到邝老师的问题，陈泽又开始了迂回战术，给自己找了一个不是理由的借口："我又不是不收那些课本，我只是想等早读结束之后再收。"

邝老师继续问："老师提醒过你马上收，而且是态度友好地向你提出要求，你为什么嘴上答应却一直拖拖拉拉的呢？"

陈泽支支吾吾了半天，才回答道："我又不知道学校今天要检查，所以才没有马上收。要是我知道就收了啊，反而是你没有告诉我原因的。"

邝老师继续追问："学校的要求和老师的要求有什么区别吗？老师没有资格向学生提出要求吗？即使学校不检查，老师提出要求让你遵守规定，你就可以不听从吗？"

在邝老师的一通追问下，陈泽词穷了。虽然最后他还依然不停地给自己找借口，但显然没有一开始那么理直气壮了。

攻破陈泽的最后一道防线，邝老师开始把这个问题延伸开，往陈泽头上"扣帽子"——如不懂得尊重人，没有执行力，给别人添麻烦等。邝老师的这些话，把陈泽说得都有些抬不起头来了。

早读之后的第一节课原本是邝老师要上的，但为了教育陈泽，他特意和其他教师调换了顺序。这一切，都是邝老师特意当着陈泽的面进行的，目的就是让他切实感受到自己的行为究竟给别人添了多少麻烦。

最后，在陈泽主动认错并愿意接受处罚时，邝老师宣布了对他的惩罚：打扫教师办公室。

之所以想到这样的惩罚，邝老师自然也有其深意。他装作忙着整理课堂讲义把陈泽"遗忘"了的样子，然后又找机会和旁边的语文教师聊天，特意提到上次月考的成绩，自然而然地说了一句："陈泽的作文写得挺好的。这个学生挺聪明的，就是这聪明老用不到正经处。只要他能好好努力，上升的空间还是很大的。"

之后一段时间，邝老师明显感觉到陈泽有了一些改变，不说一夜之间就变成个品学兼优的学生，至少顶撞教师的次数确实少了。

其实，邝老师教育陈泽的方式，就是典型的"打一巴掌给个甜枣吃"。他先是从语言上将陈泽辩驳得无话可说，没有办法再像从前那样强词夺理，给自己找借口，之后又将问题直接严重化，借题发挥给陈泽"扣帽子"。

这时候，陈泽的心理上已经出现了裂缝，认识到自己"不占理"了，因此他没有办法再理直气壮地驳斥邝老师的批评。然后，邝老师又让陈泽亲身体会老师因为他的事情到底被添了多少麻烦，将陈泽的内疚情绪推到最高点。

等到陈泽被愧疚所湮没，自觉自愿地接受惩罚之后，邝老师又巧妙地表扬了他。可想而知，这种峰回路转的情节，简直就是带着陈泽坐了一趟"云霄飞车"。

教育学生要讲求技巧，尤其是对那些顽皮学生更要尽心尽力。批评往往最容易激起学生的逆反心理，让他们对教师产生一种对立的情绪，这一点在顽皮学生身上表现得更为明显。

相比批评，表扬反而常常会让顽皮学生感到不知所措，尤其是在激发他们的愧疚情绪之后，表扬的功效将会发挥得更加淋漓尽致。

5. 对症下药，破解顽皮学生的三种心理

治病讲求对症下药，对敌讲究一击即中，管教顽皮学生同样也是如此。要想管教好顽皮学生，我们必须抓住他们的心理，了解他

们究竟为什么会有这些表现。这样才能对症下药，一击即中，把他们管理得服服帖帖。

那么，这些顽皮学生究竟为什么会这么难管教？又是什么原因使得他们浑身是"刺儿"，在犯错之后宁愿强词夺理或是找借口，也不肯低头认错呢？

总的来说，顽皮学生身上通常具有三种心理：矛盾心理、逆反心理以及厌学心理。

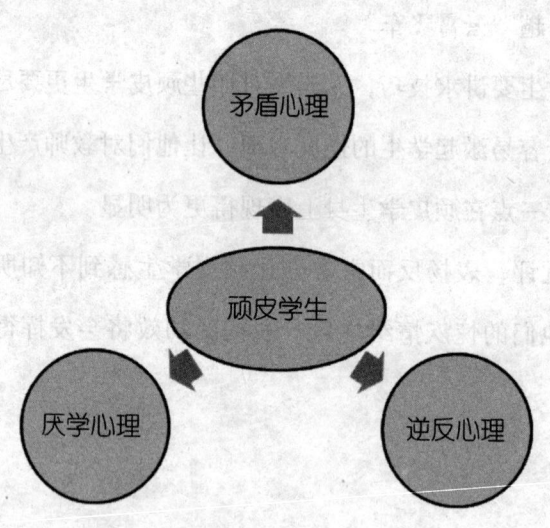

顽皮学生的三种心理

先说第一点，矛盾心理。

如果注意观察，你一定会发现，很多顽皮学生往往比其他学生拥有更强的自尊心。所以，当他们认为自己的尊严受到伤害时就会奋起反击，像受惊的刺猬一样展现出极强的防备意识。

而且，他们渴望得到别人的尊重，渴望被别人所重视，但又缺乏足够的毅力让自己在某个领域取得足够优秀的成绩。于是，"怼天、怼地、怼老师"，成为他们出风头、彰显自己与众不同的一个途径。他们试图通过这样的行为，做其他学生不敢做的事，来凸显自己的"勇敢"。

所以，我们经常会发现，越是在大庭广众之下，其他人的反应越是明显的时候，顽皮学生就越具有攻击性。

我曾经带过的一个学生就是这样。每次犯错误，如果是私下批评，他其实都能听得进去，也会低头认错；但如果有别人在场，你越是批评他，他就越会表现得吊儿郎当、毫不在意。

面对这样的学生，教师一定要记住，不要当众跟他起冲突，否则很可能会闹得彼此都下不了台。如果发现学生有这方面的问题，教师要循序渐进地进行引导，让学生学会维护自尊心的正确方式，以正确的心态面对批评、接受批评。

再说第二点，逆反心理。

说起逆反心理，几乎是每个人都有的，尤其是那些正处于青春期的学生，他们更是容易滋生出逆反情绪，恨不得事事都跟教师或家长对着干。而顽皮学生的逆反心理，在一定程度上显然要比其他学生更加严重。

在现实生活中，绝大多数顽皮学生往往都是受到的批评要远远多于得到的表扬，这也导致了他们的心理很容易变得自卑又脆弱，甚至有些愤世嫉俗，尤其是面对教师以及那些经常受到表扬的学生，就会产生一种敌对心理。在这种敌对心理的刺激下，他们会故意去做一些让人反感的事情，故意跟教师对着干、唱反调。看到教师生气、为难，他们就会觉得高兴。

这种心理显然是不正常的。如果教师不能及时发现，只是一味地对这类学生进行批评，甚至直接放弃对他们的管教，这只会让他们变得越来越偏激。如果教师能够另辟蹊径，发现他们身上的闪光点，并时不时地给予他们一些鼓励和表扬，反而会让他们感到不好意思，继而慢慢地去改变自己。

可以说，对这种已经形成严重逆反心理的学生来说，表扬往往比批评更具有冲击力。

最后说第三点，厌学心理。

有一些顽皮学生身上的"刺儿"往往只针对教师，或者说与学习有关的一切。只要不涉及这些，他们其实不会展现出那么强的攻击性。

之所以会出现这样的状况，通常是因为这类学生对于学习还没有比较清醒的认识，缺乏明确的学习目的，也没有养成良好的学习习惯，导致在学习方面显得有些力不从心。

要知道，学习本身就是一个漫长又辛苦的过程。很多在课堂上学习的知识都具有连贯性，你在这个环节掉了链子，很可能会直接影响到后面的多个环节。于是，他们对学习失去了兴趣，又缺乏毅力，在听不懂教师讲课的内容后，只能把旺盛的精力用来与教师展开对抗，渐渐地把自己变成顽皮学生。

面对这样的学生，仅仅依靠批评或说教是没有任何用处的，只会让他们面对学习时更加痛苦，从而"破罐子破摔"。要想管教好这样的学生，教师一定要先取得他们的信任，走进他们的内心，然后一步步引导他们发现学习对于自己的意义，帮助他们寻找学习的目标和动力。

在学生有了主动学习的渴望之后，教师要有针对性地对他们提供帮助，以免他们好不容易被激发出来的学习热情又在遭遇困难之后再次熄灭。

最好的教育讲究因材施教，最好的管教同样如此。我们必须精准地找到每个学生身上存在的问题，才能对症下药引导学生去解决这些问题。

第六章

杜绝校园欺凌，
做学生的守护者

　　校园欺凌，在近些年成为人们越来越关注的问题。当校园欺凌出现的时候，绝不仅仅是几个涉事学生的事情，也有学校管理方面不完善的原因。保护好学生是教师的天职之一，教师应该有防范校园欺凌的意识，成为弱势学生的守护者。

1. 重视每一个"玩笑"

爱玩，是每一个学生的天性。

进入学校，孩子从家庭中脱离出来变成了学生，这并不会在一瞬间就能把他们改变成只会一丝不苟的学习机器，他们爱玩的天性不可磨灭，会始终存在。所以，学生在学校里打闹玩耍、彼此之间开开玩笑，都是很常见的事情。

然而，打闹这件事情，往往会有赢家和输家。而开玩笑这件事情，也有开玩笑的人和被开玩笑的人。于是，许多校园欺凌事件，就隐藏在这些打闹之下，隐藏在这些玩笑之中。

教师要保护好班里的每个学生，杜绝校园欺凌事件的发生，必须分辨出哪些是真正的玩笑。如果不能及时分辨出哪些是真正的玩笑，哪些是隐藏的校园欺凌，那么，每一次的"玩笑"背后就会有一个学生受到伤害。这些伤害不仅会影响学生的学习成绩，更是会改变被欺凌学生的思维方式、行事准则，对其一生都会造成难以修复的伤害。

沈强作为一名教师，一直觉得自己的思想相对开放，并不是那么严厉的人。他认同爱玩是学生的天性，学生只要在课堂上认真学习，回家能按时完成家庭作业，平时稍微调皮一点儿是不要紧的。特别是男生，哪里有人们说的那么金贵，如果不经历一些摔摔打打，如何能培养出他们坚强的性格，将来又如何能成为坚强的男子汉。所以，对于男生之间的打闹，他经常是睁一眼闭一眼。

沈强班里的男生张伟，平日里表现得不太合群，上下学都是独来独往，也没有见他在班里有什么特别要好的朋友。沈强很担心张伟，认为他缺少一点儿交际能力，如果一直是这个样子的话，他将来无论走到哪里都会成为一个脱离集体的人。

一段时间以后，让沈强喜出望外的事情发生了，他发现张伟好像和班里的几个男生交上了朋友，下课的时候还能见到他们在一起打闹，午休的时候经常一起勾肩搭背地出去。

看到张伟能够融入一个小圈子，沈强深感欣慰。但是，事情远远没有沈强想的那么简单。

没过几天，班上的班长，一个责任感很强的女生找到沈强，说那些男生好像在欺负张伟。听了班长的话，张伟马上蹙紧眉头，在他的班里居然发生校园欺凌事件？他是绝对不允许有这样的事情发生的。不过，班长只是说好像，并没有把事情说得非常笃定，如果自己贸然惩罚了那几个男生，万一搞错了就不好了。

于是，课间的时候，沈强把张伟叫了出来，问道："有同学告诉我，说班上有人欺负你，是真的吗？"

张伟听到沈强的问话，左顾右盼了一番又把头低下了，轻声说："沈老师，你听错了，没有人欺负我。"

听到张伟的回答，沈强心里的石头算是落了地，但他还是又多问了一句："真的没人欺负你吗？别害怕，有老师给你撑腰，谁欺负你，你就告诉老师，他们不敢报复你的。"张伟没有说话，只是摇了摇头。于是，沈强就让张伟回去了。

为了防微杜渐，沈强把平日里经常和张伟在一起玩的几个男生叫了出来，问他们："有同学告诉我，说你们欺负别的同学，有没有这回事？"

其中一个男生赶紧摆摆手，说："沈老师，你说的是张伟吧？没有的事，我们的关系可好了，怎么可能欺负他呢。是不是我们在一起闹着玩的时候被人误会了，又或者是开玩笑的时候被别人听见了？沈老师，你告诉我是谁，我们去解释一下。"

听了男生的话，沈强觉得有点儿怪怪的，但一时也找不到是哪里不对，于是说："没有就好，解释就不必了。你们已经是中学生了，闹着玩时要有分寸，开玩笑也要讲尺度，别搞得太夸张被人误会。"几个男生赶紧点点头，做出乖巧的样子，随后就跟沈强说了再见，回到班里去了。

沈强原本觉得几个男生没有什么问题，再细细琢磨他们的说辞，反而警惕起来。于是，他开始对张伟格外注意，想要认真求证一下他是不是真的被人欺负了。

一天，午休的时候，沈强看见张伟抱着一大堆零食急匆匆地跑进教室，随后就给那几个男生分发起来。沈强觉得这个情况不太正常，就假装若无其事地走过去，对张伟说："你买这么多零食，怎么都给他们了啊？还有，你们不知道学校不允许吃零食吗？"

张伟还没有来得及说话，另一个男生就抢着说："我们玩游戏，张伟输了，就罚他去帮我们买东西。这些零食，我准备带回家吃的。"沈强皱了皱眉头，又问张伟："他们给你钱了吗？"那个男生赶紧掏出钱来塞到张伟的手里，说："这是我的那份。"随后，另外几个男生也纷纷拿出钱来给张伟。

这种不正常的情况让沈强意识到，张伟毫无疑问是被同学欺负了，只不过现在他还缺少证据。如果他此时批评那几个男生，他们一定会用自己和张伟闹着玩混过去，以后欺负张伟的手段更加隐蔽。从那天开始，沈强对张伟盯得更紧了。

过了几天后，沈强备好课正要走进教学楼，突然听见楼上自己班的位置有喧闹声。他抬头一看，发现一个男生正拿着一个书包伸到窗外，一副要丢出去的样子。而站在旁边的张伟一脸焦急，伸手去抓男生手里的书包。张伟够了几下也没有够到，男生一松手，那个书包就掉在了楼下的水池里。

亲眼看见张伟被欺负，沈强又气又喜：气的是，那几个男生对张伟的欺负愈演愈烈；喜的是，自己亲眼看到了事情的发生，这下看他们还怎么抵赖。

沈强在楼下等着张伟来捡书包，随后又和张伟一起回到教室。那几个男生看见张伟和沈强一起走进教室，脸色马上变得非常难看。沈强把那几个男生叫到教室外面，板着脸，非常严肃地问道：

"你们为什么要把张伟的书包扔到楼下去？"

丢书包的那个男生一副嬉皮笑脸的样子，耸耸肩膀说："沈老师，我们跟张伟闹着玩呢，我没想着真的丢下去，就想逗逗他。但没想到手一抖没拿住，书包就掉下去了。我正打算等张伟一回来就跟他道歉呢，不信你问张伟，我是不是跟他闹着玩的？"

沈强不为所动，仍然板着脸说："你当老师小时候没有跟别人玩过？我盯着你们不是一两天了，闹着玩，怎么老是跟张伟一个人玩啊？你把你的父母叫来，我倒要问问，把别人的书包扔进水池里是不是闹着玩？"

那个男生马上低下头一言不发。沈强看到他的样子，知道他应该是怕了，于是就对那几个男生说："明天早上，你们每人交一份再也不欺负其他同学的保证书给我。如果以后我再发现你们欺负谁，就让你们的家长来看看你们干的好事……"

沈强的做法是有效果的。从那以后，那几个男生再也没有跟谁开过类似的"玩笑"。随着远离校园欺凌，张伟的性格也逐渐开朗起来，不仅交到了真正的朋友，学习成绩也有显著提高。

那么，什么样的玩笑是真的玩笑，什么样的玩笑是隐藏起来的校园欺凌呢？现在来分析一下校园欺凌的几个特征：

第一，被"开玩笑"的始终是一个人。

在学校里，一些趣味相投的学生形成了相对强势的小圈子，他们平日里经常会捉弄其他学生并以此为乐。但这并不代表他们在进行校园欺凌，因为他们平时不论在哪里，行事风格可能都是这样的，在小圈子里彼此之间也会有这样的举动。所以，这对他们来说是正常的行为。那些和他们玩不到一起的人，往往会被他们认为"小性子""小心眼"。

校园欺凌的重要特征，是某个群体经常开同一个人的"玩笑"。如果不是小群体中的人，自然不愿意被他人经常开"玩笑"，到了这个时候，"玩笑"就显然是一种强加上去的，是一种持续性的伤害。

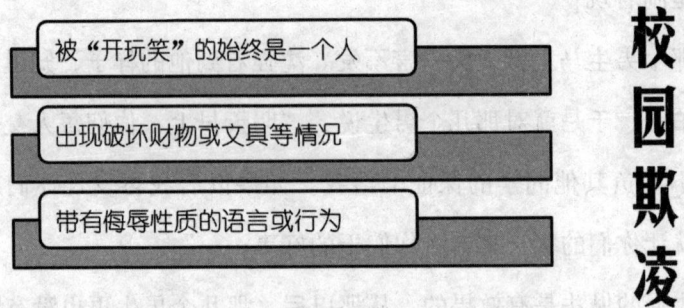

被"开玩笑"的始终是一个人

出现破坏财物或文具等情况

带有侮辱性质的语言或行为

校园欺凌

校园欺凌的特征

第二，出现破坏财物或文具等情况。

如果出现破坏财物或文具等情况，一般就不是什么常规"玩笑"了。成年人和学生有着不同的价值观。在成年人眼中，文具、课本、书包这些物品虽然有价值，但价值并没有那么高；而在学生眼中，这些物品不仅代表了个人财物，更代表了自己是学生的身份。学生一旦失去了这些物品，学习就会受到影响，也会受到教师或家长的责备。

至于校服、鞋子、手表等贵重物品，同样能体现校园欺凌的发生。校服是学生上学时必须要穿的，如果校服人为的损坏，必然会被教师问责、批评；鞋子、手表等是家长给孩子购买的物品，出现问题必然会被家长询问到底发生了什么。

在正常玩闹中，学生都明白这些物品所代表的意义，不会轻易弄坏别人的这些物品。只有以欺负对方为目的，希望对方被严重惩罚、批评，甚至希望对方不要到学校来的时候，才会损毁对方的这些物品。

其中，一些物品并不适用于那些特别调皮喜欢捣蛋的学生，他们对于上课用的文具、课本、校服都不是特别在意。所以，要对这部分学生加以分辨，看看是否真的出现了校园欺凌现象。

第三，带有侮辱性的语言或行为。

打人不打脸，骂人不揭短。这是生活中的常识，是人们在人际交往中总结出的经验。虽然学生未必懂得这个道理，但多多少少也会明白什么是侮辱性的行为，如打耳光、泼水、脱别人的校服、在他人的课桌或课本上写一些非常过分的字眼等。

因此，当某个学生受到侮辱的时候，不论多么轻微的行为，不论小群体中有多少人说这不过是个"玩笑"，教师都必须重视起来。因为侮辱行为往往是走向校园欺凌的第一步，如果不能及时制止就会愈演愈烈，最终发展到不可收拾的地步。

过度的玩笑，是校园欺凌最常被披上作伪装的外衣。许多人在学生生涯一直承受着校园欺凌，就是因为教师相信了这不过是学生之间的"玩笑"。在这里，希望每位教师都能把"玩笑"重视起来，及时制止每一次的校园欺凌，让学生度过无忧无虑的校园生活。

2. 让学生懂得"互相尊重"的具体意义

人人都需要尊重，职场人士需要尊重，家长需要尊重，教师需要尊重，学生也需要尊重。如果这个世界上每个人都知道要尊重他人，就不会出现那么多的矛盾——大到国家与国家之间，小到个人与个人之间，当然也包括学生和学生之间。

尊重并非一定要出现在地位有差异的人之间，恰恰相反，在地位平等的情况下，尊重才是保证和谐的关键。

学生之间的地位是平等的，大家走进同一所学校、同一间教室，坐着同样的课桌、听着同样的课程。如果这时候有学生不尊重其他学生的学习生活，就很容易出现校园欺凌现象。

学生的使命是学习，还没有成年的他们，不仅要学习课堂上教师教授的知识，更要学习如何集体生活、如何社交、如何给他人做榜样。但是，这些内容无法像普通知识那样由教师在课堂上系统地讲，他们了解和掌握它们的方式就是模仿。

在家庭中，学生会模仿父母的相处方式，模仿父母是怎样做家务的，模仿父母处理各种事情的想法、做法；到了学校里，学生学习如何社交的时候，同样要依靠模仿。如果校园里发生了欺凌现象，就会有学生模仿这种行为，慢慢地也成为施暴者。

我们没有办法在事情还没有发生的时候就进行纠正，但可以防微杜渐，在校园欺凌发生之前教会学生"互相尊重"的具体意义。

运动会即将到来，每个班都在忙着申报比赛项目，各班的班主任也在动员学生积极报名，力求为班里争光。

蒋老师把这件事情全权交给了体育委员邵勇和班长方南负责，两个人也都非常认真，不仅积极动员同学们报名，还专门对每个同学做了调查，根据其特点或擅长的来推荐对方参加比赛的项目，希望能取得好名次。

刚开始的时候，大部分同学都愿意听邵勇和方南的建议，报名参加他们推荐的项目。但很快，问题就出现了。在申报四千米长跑这一项目的时候，本来班上长跑成绩最好的薛涛却拒绝了邵勇和方南的提议，表示自己想报名参加跳高，而不是长跑。

方南劝说了薛涛很久，但薛涛是个倔脾气，方南越劝，他就越坚持自己的选择。有了薛涛这个先例之后，一些本来不愿意却被邵勇和方南"半强迫"给报上比赛项目的同学也都纷纷提出要更换。

因为这事，邵勇和方南非常生气，指责薛涛缺乏集体意识，自私自利，不肯为班里争光，导致不少同学也都跟着起哄。发展到后来，班上的许多同学竟然都开始联合起来孤立薛涛，甚至故意捉弄他，比如藏起他的作业本、将他反锁在厕所里等。

蒋老师发现这件事情后，立即把薛涛、邵勇和方南以及几个闹得最凶的学生叫到办公室谈话。让蒋老师感到意外的是，这几个对薛涛进行恶作剧的学生都认为自己的行为是"正义"的，是因为薛涛"自私自利""缺乏集体荣誉感"，所以他们才会讨厌薛涛。

蒋老师告诉大家，人与人之间相处要学会互相尊重，而尊重最基本的一点，就是要做到"不强迫""不指责"——不强迫别人做自己不愿意做的事情，不指责别人和自己不一样的地方。

这时，邵勇却提出了一个问题："那班上有同学上课睡觉，不愿意做老师布置的作业，老师为什么要强迫他上课，批评他不好好做作业呢？"

蒋老师说道："这是身为学生应该做到的事情。你们是学生，就要懂得尊重这个身份，承担这个身份应该完成的事情。如果不能做到这一点，就好比司机不想开车就随意把车停下，厨师不想做饭就对客人置之不理，医生不想做手术就把病人丢在手术室中……参加运动会本来就是一种自愿行为，不是薛涛必须承担的责任，那么我们就不应该把这件事强加到他头上，不顾他的意愿。"

经历这件事后，蒋老师意识到，很多学生其实并不明白"尊重"的具体意义。在之后的班会中，蒋老师特意以"尊重"为主题，让同学们各抒己见进行了一场讨论。那些捉弄、孤立薛涛的学生都认识到了自己的错误，邵勇和方南也向所有同学道歉，一场风波总算平息下来。

尊重不只是挂在嘴上说说的一个词语，要让学生真正学会互相尊重，我们就必须先让他们明白尊重的具体意义，这样他们才能甄别出哪些行为是应该得到尊重和认可的，哪些行为是应该受到批评和指责的。更重要的是，身为教师，我们更要以身作则，用实际行动去教会学生何为"尊重"。

想要让学生学会互相尊重，教师要先做到以下三点：

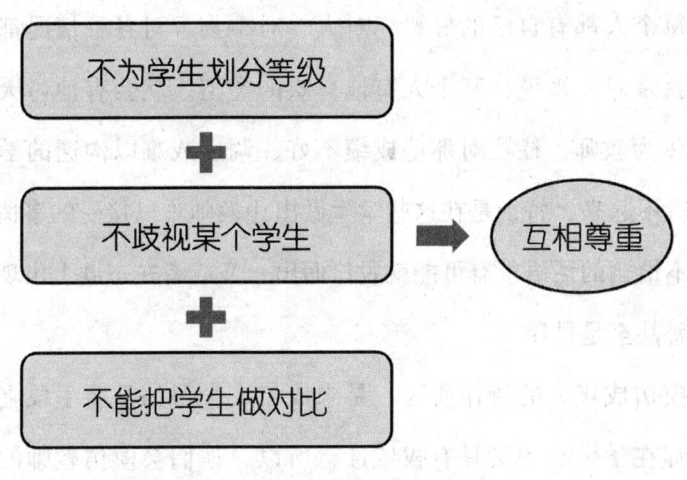

互相尊重的要点

第一，不为学生划分等级。

许多教师出于方便管理班级的目的，会按照一定的规则把学生分成不同的群体。例如，把学习较好的学生安排坐到一起，把比较安静的学生安排坐到一起，把喜欢调皮捣蛋的学生安排坐到一起，把学习成绩较差的学生安排坐到一起。

教师这样的做法，的确会提升管理效率，避免那些成绩较好、想要积极上进的学生被打扰，但同时会让学生结成不同的小团体，并且每个小团体都带有鲜明的特征。

当某个强势的小团体形成以后，他们就会出现"等级"优越感，甚至产生鄙视对方的心理，冲突也将不可避免地在班级里出现。当这个小团体更加肆无忌惮的时候，距离出现校园欺凌也就不远了。

第二，不歧视某个学生。

每个人都有自己的好恶，对人、对事物、对各种情况都是这样。就拿对人来说，某个人有他喜欢的类型，就会有他讨厌的类型。作为教师，往往对那些成绩不好、调皮或难以沟通的学生就是喜欢不起来，特别是在这些学生做出让教师难以接受的事情时，某些不恰当的话语很有可能就脱口而出，又或者在态度上出现明显的厌恶甚至是排斥。

模仿成年人的所作所为，是未成年人学习的重要手段之一。而教师在学生心中又具有权威性，所以，他们会模仿教师的一些行为。

比如，教师对某个学生有明显的冷淡态度，他们也会模仿教师不去喜欢这个学生；如果教师用不恰当的语言说过这个学生，那么在私底下，就会有学生无数次地重复教师说过的话。久而久之，这种不喜欢就会发展成为歧视，甚至出现其他不当行为。

第三，不能将学生做比较。

一名教师可能要教的不止一个班，所有的学生不可能都是一样的学习心态，所以，良莠不齐是必然会出现的现象。

作为教师，喜欢那些表现好的学生是自然而然的，但有些教师喜欢学生的好，未必一定是学生学习上的好——有些学生为人热情，性格大方，谈吐爽朗，即便学习成绩并不那么出众，也往往会得到教师的喜爱；而有些学生的性格怪僻，不善交际，脱离群体，即便学习成绩还算不错，也难以赢得教师的喜爱。

当教师表现出明显的倾向性，甚至将其诉诸语言说出"小甲就是比小乙强"这样的话时，两个学生之间就出现了差异，就会出现"权威"认证的好坏之分。那么，"好"的一方自然会产生自己比"坏"的那个更强的想法。既然有了好坏与强弱之分，一方对另一方的态度自然会出现变化。

请记住，"互相尊重"要从教师做起，只有教师能够先身体力行地做到这一点，才能让学生学会什么是"尊重"。如果教师本身的行为都立不住脚，那么又有什么底气去要求学生呢？谨言慎行，方得始终。

3. 过度强调"集体"，反而会发生孤立现象

　　在现代社会，完全依靠个人力量生活下去是一件很困难的事情。水电、互联网、各种商品，这些为生活提供便利的物品，都是由大家共同创造而产生的使用价值。

　　融入社会，就意味着你要在社会中扮演一定的角色，无论是创造物质财富还是精神财富，总归是对他人有所帮助的。因此，我们可以总结来说，生活在当今社会中，每个人都在创造事物，也都在使用他人创造的事物。

　　学校也算是一个小小的社会缩影，但是学生与学生之间的关系，不像社会上人与人的关系那样紧密——班集体中的学生并不是环环相扣的，也不具备强烈的依赖关系。许多教师明白这一点，就想办法增加班集体的凝聚力、强调集体荣誉感，以便更好地管理。

　　的确，增加学生的集体荣誉感有许多好处：能让学生多为他人着想；减少影响课堂纪律的事情发生，互相帮助，争取在学校的集体活动中获得更好的名次。但是，凡事都要有个度，如果特别强调集体，把集体荣誉感看得比什么都高，可能会出现负面效果。

作为一名教师，吴爽特别看重集体荣誉感。在她眼中，培养学生的优良品质是教师的第一要务，只要学生都能为他人着想，班级各方面的成绩就不会太差。

最开始的时候，各项事情的进展也如吴爽所想的那样顺利，班集体的气氛很好，无论做什么事情，学生都能齐心协力：学习上，人人都希望能提高自己的成绩，力争班集体的综合评分成为校级第一；学校运动会上，人人奋勇争先，每个运动员的努力自然不必说，班里啦啦队的声势也是全校最大的……

吴爽带领的班文体两开花，学生的脸上自然会挂上骄傲，并且会更加努力地将第一保持下去。但是，一个转校生的到来，改变了整个班的氛围。

这个转校生名叫小琦，个子不高但特别活跃。他的性格开朗大方，待人热情，很快就有相当多数量的学生接纳了他。那些不愿意接纳他的学生，大多听说了一个消息，那就是小琦转学的原因是学习不好，又在原来的学校闹出一些事情，这才不得不转学。

如果小琦的传言属实，班里就多了个多事的同学，还会拉低整个班的平均成绩，影响到大家对班集体荣誉感的激情。于是，有学生找到吴爽讨论这件事情。

吴爽给出的答案很简单：既然小琦的学习成绩不好，大家就帮助他找到学习方法提高成绩；既然他犯过错误，大家就监督他、帮助他，避免再犯错误。这样才能保住我们班第一的位置，保住班集体的荣誉。

事情如同那些学生所担心的一样，学校的第一次月考中，小琦没考好拖了后腿。

接着，不少学生发现小琦的学习热情并不强烈，大家想要帮助他学习，至少要他本人愿意才可以。按照小琦的态度，这是绝对不可能的。结果在第二次月考的时候，小琦还是没考好。

面对这样的考试成绩，吴爽也是对小琦的不争气表示了不满。在班会上，她重点批评了小琦，认为小琦应该有集体荣誉感。最后，她强调自己没有太高的要求，只要小琦别拖班集体的后腿、上课的时候不要影响其他学生就好。班里本就不喜欢小琦的那些学生，纷纷对他怒目而视。

在被吴爽批评了以后，小琦的学习态度有了很大的改善，他开始认真听讲，努力学习。但由于他的基础太差，成绩提高得很慢，期中考试又没有考好。

虽然吴爽就小琦在这段时间的表现给出了肯定，但一部分学生已经对小琦能提高成绩不抱任何希望，至少在下学期里，小琦是跟不上其他学生的脚步了。于是，他们想到了关于小琦的那个小道消息——如果小琦在学校里再惹出一些事情来，是不是就可以逼他转学了呢？如果他转学离开，那么我们班不是回到原本的水平了。

于是，那些不喜欢小琦、认为小琦是害群之马的学生，开始对小琦实施了校园欺凌。最开始的时候，他们只是号召其他学生孤立小琦。虽然不是所有的学生都响应了号召，但班级中的大多数学生还是开始拒绝和小琦来往。

随后，欺凌事件开始升级。小琦早上来上学的时候，常常发现课桌被人粘上写有"害群之马""我们班不欢迎你"等字条。再接下来，小琦发现自己留在课桌里的作业本被撕掉了一部分，剩下的一部分也被写上许多侮辱性的话。就这样，那个原本开朗、热情的男生不见了，变成了一个沉默寡言的小琦。

小琦遭遇校园欺凌的事情，作为一个秘密被全班学生默契地保守着。直到小琦再次转校的时候，吴爽才知道在自己的班里居然发生了这样的事情。

通过与学生的交流，吴爽发现问题的根源居然出在自己身上——她只教会了学生要有集体荣誉感，却没有教会学生应该接纳那些不够强大的学生，同时耐心地帮助他们追上集体的脚步。

有集体荣誉感是好事，但过于强调会让学生把集体荣誉感看得太重，导致有些学生钻牛角尖、走进死胡同。融入集体，找到归属感，共同成长、共同进步，才是集体对于个人的意义。将那些赶不上步伐的成员都排除出去，就违背了集体存在的意义，甚至可以说是背道而驰。

作为一名教师，万万不可把管理企业的思维带入管理班级中去——无论是"狼性法则"还是"末位淘汰"，都不应该出现在管理学生身上。在学生树立正确人生观的时候，向学生灌输这些观念，只能让学生成为心胸狭窄的人，进而可能会发生校园欺凌事件。

4. 理解并接受学生的"软弱"

反思事物发生错误的方面，总结事物走向正确的方面，是人不断提高自我能力的原因。但面对错误不可矫枉过正，特别是对错误的反思，往往不需要人们想得那么多。

所以，当校园欺凌事件出现的时候，人们会谴责那些施暴者，同样也认为受害者应该反思：为什么只有你遭受了校园欺凌？明明施暴者并没有那么强大，你为什么不反抗呢？这样的论调屡见不鲜，甚至在教师群体中也不罕见。

一样的米养百样的人，不同的人拥有不同的性格，有些人天生性格就比较强势，而有些人就相对软弱。更何况，原生家庭的影响，幼年时期的经历，都会影响一个人性格的形成。

这种影响，有些并不严重，可以通过后期的教育来改变，而有些则根深蒂固难以改变。况且，有些人受到的影响会持续存在，特别是有些学生在学校里受到了氛围烘托，有些时候是抵不过家庭的影响——白天在学校里或许有打算做出改变的决心，但回到家中以后，念头就打消了。

因此，如果有学生遭遇了校园欺凌，教师或家长一味地想要改变受害者的性格，要求受害者坚强起来，以自己的力量抵抗校园欺凌。这是不现实的想法。

杨树曾经有一段非常难忘的经历，事情发生在他刚上初中的第一天。初中时期的他又瘦又高，于是在分配座位的时候，他理所当然地坐到了最后一排。坐在杨树周围的同学与他也是相差无几，但他的体形实在是太瘦，给人一种弱不禁风的感觉，因此就成为调皮男生欺负的对象。

第三节是数学课，下课后，有两个男生走路时故意碰撞杨树的课桌，让他不能专心整理课上的重点；到了午休时间，那两个男生又说了一些嘲笑的话，拿杨树胡乱开玩笑。

这是杨树从小到大第一次被人欺负，眼泪很快就在眼圈里打转，但是他一直没有什么行为反应。然而，就在其中一个男生打算拿走杨树最喜欢的钢笔据为己有的时候，他的情绪爆发了——他一边流着眼泪，一边跟那个男生扭打起来。

杨树突如其来的反抗，让那两个男生措手不及，最后居然变成流着泪的杨树追打两个男生的画面。杨树回想起当时的场景，至今都觉得好笑。但从那天以后，杨树的整个初中生涯，都没有同学再找过他麻烦。

杨树认为，当年的自己那么瘦弱都能险胜两个欺负自己的男生，显然学生在面对校园欺凌的时候，勇敢和坚强是最重要的——要敢于反抗，一次不成，就再来一次。

在杨树成为一名教师的时候，这种思维被他用在了教育学生身上。

在杨树的班级里，就有一个处在遭受校园欺凌边缘的男生赵鑫。从外观来看，赵鑫长得又高又胖，无论如何都不像会遭受校园欺凌的类型，但是他软弱的性格不仅经常被人利用，更是经常被人欺负。

由于赵鑫的家境相对较好，班里的几个男生就经常围绕在他的身边，向他借钱买航模和一些动漫书籍，还说跟他一起分享；看见赵鑫带来的文具新颖独特，二话不说就直接拿走；课间或者放学的时候，他们也经常在一起打闹。说是打闹，但被打的往往只有赵鑫一个——无论是谁朝他的头上打一巴掌，或者是踢他一脚，他都不会反抗，只会在脸上露出谦卑的笑容。

杨树观察到这种情况，认为应该好好给赵鑫这个学生上一堂课外教育课了。

杨树把赵鑫叫到办公室，问道："你跟那几个男生的关系很好吗？"

赵鑫的脸上一如既往地挂着笑容，说道："杨老师，是的，我们经常在一起玩。"

看见赵鑫脸上的表情，杨树的语气变得有些严厉起来："他们向你借的钱，都还给你了吗？"

赵鑫没有说话，似乎思考了一下又挣扎了一下，最后缓慢地摇了摇头。

杨树又问："那你为什么不向他们要呢？"

赵鑫低下头，小声地说："都是朋友，不好意思开口。"

杨树厉声对赵鑫说道："都是朋友，是你自己认为的吧？你不好意思要钱，他们怎么可能会还你钱呢？天下哪有这样做朋友的道理，你就不觉得他们是在欺负你吗？"

赵鑫想了一下，回答说："我跟他们成为朋友，就没有其他人欺负我了。"

杨树心中升起了一股怒其不争的火气，对赵鑫说："你白长得这么人高马大了，就你这个样子，只要你强硬一点儿，还有谁敢欺负你？"

感觉杨树有点儿发火，赵鑫就低下头不说话了。

见赵鑫不说话，杨树更加生气，但他还是克制了一下，心平气和地对赵鑫说："下次他们再向你借钱的时候，你就说好借好还，再借不难。谁再拿你的东西，你也不要再给了。只要你强硬起来，他们以后就不会再欺负你了。"

杨树期待着赵鑫的转变，也做好了所有的准备，包括赵鑫反抗时引发的冲突，比如赵鑫被打又或者是赵鑫在反抗中打了其他人。但让杨树没有想到的是，半个月过去了，赵鑫身边没有发生任何事情，与那几个男生还是如往常一样交往着。

赵鑫又一次走进杨树的办公室。赵鑫早就知道今天对话的内容会是什么了，因此显得有些垂头丧气。

杨树也没有打算作任何铺垫，开门见山地问："他们向你借钱，你又借给他们了，是吧？"

赵鑫点了点头。虽然早已知道这个结果，但杨树还是急了，他加重语气对赵鑫说："我之前是怎么告诉你的，不是不让你再借钱给他们了，为什么你还是借了？你应该知道，他们借了你的钱是绝对不会还的。"

赵鑫点点头，说："我都知道，但是我不敢不借。"

杨树马上站了起来，问赵鑫："你不借，他们能怎么样？他们还敢动手打你不成？他们要是敢打你，不怕我叫来他们的家长吗？对了，还得受到学校的处罚。"

杨树已经激动起来了，但赵鑫还是无动于衷，只是一言不发地摇摇头。

见到赵鑫还是那副软绵绵的样子，杨树顿时有些泄气，觉得这学生无药可救了，还是自己亲自干预吧。于是，他把经常欺负赵鑫的那些学生中领头的男生黄超叫到办公室，直接开口说："你是不是经常向赵鑫借钱？"

黄超马上就反驳说："没有啊，我什么时候向他借过钱？杨老师，你听谁说的……"

杨树没好气地看了黄超一眼，接着说："我亲眼所见还能有假，你借钱后有没有还，我心里也都有数，你就别在我这里演戏了。"

黄超还要继续反驳，杨树却说道："黄超，你爸爸我也认识，也在一起吃过饭，他的脾气你是知道的。虽然现在不提倡家长动手打孩子，但这事我要是告诉了你爸爸，你猜以他的脾气，会不会听我的劝不打你呢？"

黄超听到这里，哑口无言地低下了头。杨树拍拍黄超的肩膀，说："跟人家借了多少钱，赶紧还给人家，以后你们几个男生都不许再欺负赵鑫了。之后，无论谁再跟赵鑫借钱，或者谁欺负赵鑫，我都只会算在你头上。"

黄超一听又急了："他们干的事，凭什么要算在我的头上？"

杨树认真地说道："你别以为我不知道，在你们那几个人里，你黄超说了算。你要是说不欺负赵鑫，别人就不敢欺负，谁要是还欺负赵鑫，那就是你指使的。这次我就不找你爸爸了，还有下次的话，我一定找他好好聊聊。"

从那天以后，班里再也没有人欺负赵鑫了。慢慢地，赵鑫交到了一些志趣相投的、真正的朋友。

教育学生是教师的职责，保护学生也是教师的职责。

学生的个性并非一朝一夕能养成，"十年树木，百年树人"，从软弱到坚强需要一个漫长的过程。

教师不要把希望寄托于学生在短短一番谈话后就能鼓起勇气反抗校园欺凌，特别是在持续遭受校园欺凌的情况下。只有得到教师的保护与引导，学生慢慢获得了自信，他们才能培养出坚强的性格。

5. 将矛盾扼杀在摇篮之中

　　人们总是非常矛盾的，离开集体很难生存下去，但在集体之中又总有自己的想法，因此，与身边的人发生摩擦、激发矛盾就成为不可避免的事情。有人这样形容爱情，太过靠近会被刺伤，太过遥远又会觉得寒冷。其实，在任何集体之中，这样的话都适用。

　　比如，学生与学生之间产生矛盾，双方的关系就会出现裂痕。如果没有机会弥合这些裂痕的话，裂痕不仅不会自己消失，反而会因为经常见面而不断猜忌、不停摩擦，裂痕变得越来越大。当这条裂痕大到一定程度的时候，原本的小矛盾就会变成仇恨，摩擦也会变成冲突，最终导致校园欺凌的出现。

　　许多教师在遇到学生遭遇校园欺凌事件的时候，都会努力去解决。但不得不说，即便是教师尽了最大的努力，也仍有失败的时候。

　　遭遇校园欺凌的学生，要么整个学生生涯都过得十分压抑，要么选择早早地逃离这个环境，或是退学，或是转学。因此，我们不能等着问题出现以后再解决，一定要提前预防校园欺凌的发生，在矛盾尚未转化成为校园欺凌的时候就将其化解掉。

最近，张萌非常头疼，因为她发现在她执教的班里似乎出现了校园欺凌的迹象。新学期刚刚开始不久，一个名叫李拓的男生就告诉张萌，班里的邓柯把手机带到了学校，还在上课的时候偷偷地玩。

张萌马上把邓柯叫到办公室，没收了他的手机，还狠狠地批评了他一顿。放学的时候，张萌把手机还给邓柯，告诉他说，再有下一次就要告诉家长了。

整个过程中，张萌并没有告诉邓柯究竟是谁举报了他。

没过多久，李拓又一次来告状，说邓柯把漫画书带到了学校，上课的时候偷偷地看。事情的处理方式和上一次一样，张萌把邓柯叫到办公室批评了一顿，没收了他的漫画书，警告他再发生类似的事情就要告诉家长。

从那天以后，李拓没有再到张萌面前说邓柯又干了什么违反班规的事情，但是他们两个人却出现了矛盾。

张萌没有对邓柯说过是李拓举报了他，但邓柯知道是李拓干的。而李拓也根本没有打算遮掩，摆明告诉邓柯，如果他不遵守课堂纪律还是会举报。于是，邓柯针对李拓的报复行动开始了。

邓柯经过李拓座位的时候，总是装作不经意把李拓放在桌边的文具、书本碰掉在地上；上课李拓回答问题的时候，邓柯就在下面胡乱地喊答案，还会发出古怪的声音、喝倒彩，打乱李拓的思绪；还有几次，李拓的东西不见了，虽然他没有证据，但他心知肚明肯定是邓柯干的。

对于这种情况，张萌很是头疼。现在看来，邓柯的行为已经算是校园欺凌的雏形了，如果任由他继续下去，一定会升级成真正的校园欺凌事件。但是，就目前发生的事情来说，又很难给邓柯真正的处罚。左思右想，张萌也想不出办法，只好把李拓叫来，打算先跟他商量一下以后怎么办。

从这次谈话中，张萌听到了一件令她吃惊的事情。李拓和邓柯不仅现在是同学，在小学的时候他们也是同班同学。而且两个人的家住得很近，双方父母虽说不上很熟但也认识。既然这样，那他们不应该是很好的朋友吗？为什么会闹到今天这个地步呢？

原来在小学的时候，两个人的关系其实是很好的。邓柯的性格豪爽、大方，而李拓的性格则相对沉稳，从来都是邓柯带着李拓交朋友，带着李拓一起玩。

到了初中，李拓变成了一个只会闷头学习的学生，比同龄人更有紧张感。他还认为，如果邓柯对于学习还像小学那样不认真，就会对他将来的发展产生不良影响。他找邓柯谈过这件事，而邓柯给出的答案是："我的事你少管。"几次以后，邓柯和李拓就闹翻了，李拓也开始向老师举报邓柯不遵守课堂纪律的事情。

得知了事情发生的来龙去脉，张萌意识到这件事情必须要尽快解决，绝对不能冷处理，毕竟两个人都非常熟悉对方的情况，一旦发展成校园欺凌事件，在学校里还好处理，如果在校外发生，那就有些鞭长莫及了。于是，她又找邓柯进行了一次谈话。

张萌问邓柯："你最近是不是又有好几次不小心把李拓的东西碰到地上了？"

邓柯满不在乎地说："怎么，李拓跟您告状了？张老师，我不是故意的。"

张萌就知道邓柯会这样说，她态度严肃地说："少跟我来这套，是不是故意的，你自己心里有数，无非就是恨他举报你上课玩手机、看漫画。你知道他为什么要这么做吗？"

邓柯咬牙切齿地说："他多管闲事，我上课干什么关他什么事？我又没有扰乱课堂纪律。"

张萌一本正经地告诉邓柯："什么叫多管闲事，他这么做也是为了你好。初中的课程跟小学的不一样了，你要还是仗着自己有点儿小聪明用混的态度学习，怎么能考上重点高中呢？"

听到学习成绩，邓柯笑了。他一直认为自己很聪明，学习这类的小事不过是信手拈来，说："我考不上，李拓就能考上了？我上课不认真听讲，未必考不上。李拓认真学习，也未必就能考得上。"

听了邓柯的话，张萌翻了翻成绩单，对他说："分数本该只告诉你的家长，让他们对你的成绩有个度量。现在，我破例让你知道你自己的成绩。你还觉得李拓考不上，你就能考上？相比整天跟你一起疯玩的那些同学，李拓才是你真正的朋友。他的做法虽然让你觉得多事、不开心，但他却是为了你好。你知道上次借给你体育杂志的那个男生回家有多么努力吗？他父母给我打过电话，抱怨课后作业为什么那么多，他家儿子每天都写到半夜。咱们班的作业究竟有多少，你心里也有数，那个男生到底是写作业写到半夜，还是自己私下里拼命学习，相信你现在心里也有数了。"

张萌的话，让邓柯目瞪口呆。他又去看了一下自己的成绩单，才相信张萌说的都是真的。

那天以后，邓柯再也没有"不小心"碰掉过李拓的东西，两个人之间的矛盾也在逐渐化解。一段时间以后，他们两个再次成为好朋友，一起讨论学习方面的事情。

引起学生之间产生矛盾的往往都不是什么大事，只不过在学生眼中，这些事情有大小不等的分量而已。于是，事情会很快就过去了，但它造成的影响却会延续下去。这就导致一件小事随着时间的推移，就好像从高山上滚下的雪球一样越来越大，最终演化成不可化解的矛盾。

遇到这种情况，成年人的选择往往是通过交流把事情说开——很多事情只要能沟通，把事情说清楚，矛盾就如同阳光下的冰雪很快融化。而学生往往心智不成熟，在错误观念的引导下，他们觉得主动沟通似乎是一件很丢脸的事情——不能沟通，就意味着矛盾不能化解；而不能化解的矛盾只会越来越大，最终引发冲突，继而极有可能成为校园欺凌事件。

在校园欺凌出现前兆时，教师最重要的是弄清楚事情的前因后果，为双方搭建一座沟通的桥梁。只要双方能正常、顺利地进行一次沟通，事情就能够得到妥善的解决，冲突也就会被扼杀在摇篮之中。要记住，再好的解决方式，也不如防患于未然；再完美的校园欺凌处理方式，也不如让校园欺凌从未出现。

第七章

理解青春萌动，给予科学引导

　　当学生开始形成明确的两性意识时，情窦初开就成为不可避免的事情。而这种情感是不成熟的，虽然美好但具有破坏性，这让教师和家长将其视为大敌。不过，一味地阻碍并不能让这种情感消亡，只能让它转化形态。因此，让学生正确理解爱情的含义，正确地处理早恋，成为教师必修的课题。

1. 堵不如疏，和学生谈谈青春期萌动

"情窦初开"，这四个字出现在任何一本文学作品中都是美好而又神秘的，但对于教师来说，这四个字一旦出现在学生身上，那可真的是让人头疼。

为了杜绝学生的早恋问题，许多学校和教师采取过各种各样的方法，如男女分桌、男女分组等。但最终的结果表明，这样的解决方式显然毫无作用。

在提倡男女平等的今天，过分依据性别对学生进行"隔离"，显然并不现实。更何况，即使可以分桌、分组，学校也不可能完全杜绝男生和女生之间的接触与交往。

其实，早恋并没有那么可怕。对于绝大多数学生来说，"恋爱"就像一个神秘而又有趣的游戏，真正吸引他们的，除了自身青春期的萌动之外，恰恰是师长们讳莫如深的态度。

青春期的学生，正处于一个充满探索欲和叛逆心理的年纪，一切未知与禁忌的东西，对他们而言都有着巨大的吸引力——你越是禁止他们去了解的事物，就越能引起他们的兴趣；越是充满神秘感的事物，就越会激发他们的探索精神。

因此，面对青春期的萌动，我们应该牢记四个字——堵不如疏。

现在的学生，比我们所认为的要成熟很多，知道的东西远比我们所以为的要多得多。这是因为随着时代的发展、科技的进步、互联网的普及，越来越多的信息已经变得触手可及。充满求知欲和冒险精神的青少年，正是走在时代最前沿的一批人，他们对新事物的接受程度和对信息的探索欲望，要远远强于成年人。

与此同时，他们的心性正处于一个发展尚不成熟的阶段，非常容易受到外界因素的影响。因此，面对某些事情时，如果师长不能给予正确的引导，学生将会通过其他途径获得信息，受到正面或负面的影响。所以，与其让学生自行探索那些充满不可控因素的信息，倒不如将他们那些在青春期可能会经历的困惑与懵懂、遭遇到的情感问题摊开来，好好地与他们谈一谈。

很多学生不喜欢和师长交流，是因为师长在交流时常常喜欢用命令式的语言，告诉他们不准怎么样，却又不能好好地告诉他们为什么不准这样。因此，如果想要和学生进行深入的交流，取得他们的信任，在谈论青春期的情感萌动问题时，我们要以客观、公正的态度和学生交流，而不是一开始就显露出否定的态度。

我带过的每一届学生，都给他们开过以"男生与女生青春期萌动"为主题的探讨班会。在班会上，我们主要探讨的就是学生在青春期中，异性交往会产生哪些情感萌动问题。

我告诉学生，性意识会随着年龄的增长而开始萌芽、生长到最终成熟，这是每个人成长的必经之路，就跟学生终将会长高、长大一样，是生命从幼稚走向成熟的正常生长发育过程。

通常来说，学生性意识的成长可以简单归结为四个阶段：

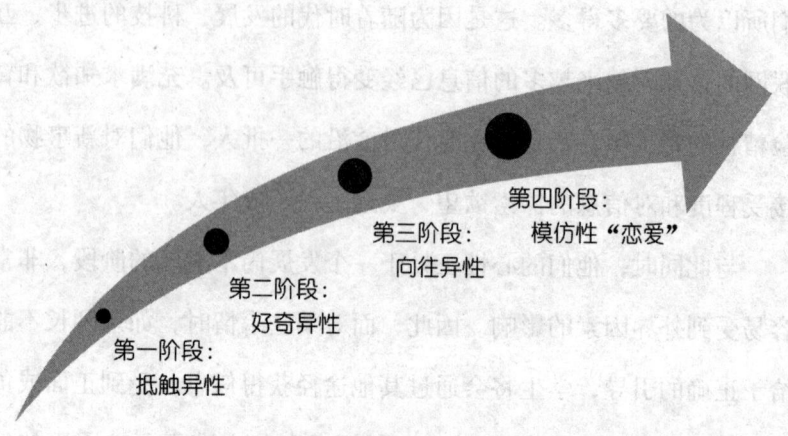

第四阶段：
模仿性"恋爱"

第三阶段：
向往异性

第二阶段：
好奇异性

第一阶段：
抵触异性

孩子性意识的成长阶段

第一阶段：抵触异性。

在性别意识萌芽初期，学生会逐渐发现男性与女性之间的差别，并开始觉得男生和女生不应该玩在一起，大家不是同一"类"的，甚至可能产生排斥反应——抵触与异性亲近，表现出很讨厌对方或者是鄙视对方。但如果仔细观察，你就会发现，在这种讨厌和抵触的背后，还藏着对异性的关注和好奇。

第二阶段：对异性好奇。

随着年龄的增长和身体的发育，以及第二性征的出现，学生开始对自己的身体变化产生了强烈的好奇和不安，甚至是恐惧。他们渴望了解自己身体的奥秘，渴望了解让父母、师长都讳莫如深的"性"，并不可避免地开始对异性感到好奇。

这个阶段，对于学生性意识的形成非常重要。这是因为，如果无法通过正常途径获得足够的性知识，很多学生会通过各种生理卫生和医药书籍及各类文学艺术作品，甚至是偷看带有色情情节的影视作品来了解性知识。相应地，学生的思想会受到各种不同的影响，这是需要大家引起重视的问题。

第三阶段：向往异性。

随着性意识的发展，男生和女生之间会产生一种吸引力，让他们情不自禁地想要靠近对方，引起对方的注意并获得对方的好感。比如，女生在男生面前会注意自己的穿着打扮和言行举止，男生在女生面前也会不自觉地展示自己的特长、彰显自己的能力等。

在这个阶段，他们会发现，与异性发生身体接触会让他们心跳加速、紧张脸红、手足无措。但这种刺激又有一种莫名的吸引力，促使他们开始对异性产生向往。

第四阶段：模仿性"恋爱"。

人们常说："初恋往往是没有结果的。"很多人的初恋实际上都不能算是真正的恋爱，或者说，很多学生的早恋，实际上并非真正的恋爱。这是因为，当男生和女生经历过性意识成长的第三阶段，发现自己对异性产生向往之后，往往就会将自己的感受套进一些从影视或文艺作品中看到的行为模式，展开模仿性的"恋爱"。所以，很多早恋行为，其实都具有对象不固定、缺乏深厚感情基础、缺乏情感的专一性和排他性等特点。

有教师可能会问："我们跟学生说这些合适吗？会不会学生自

己本来没有什么想法，我们讲完之后他们就有想法了？"

这样的担忧是没有必要的。要知道，我们之所以不提倡早恋，并不是说谈恋爱本身有什么问题，而是因为当学生在心智还不够成熟的时候，贸然发展一段恋爱关系是对彼此的不负责任。更重要的是，这时期的恋爱很可能只是一种模仿性的行为，而恋爱过程中的种种情绪变化，却可能影响到学生正常的学习和生活。

那么，学生为什么会产生这种模仿性的行为呢？答案其实很简单，因为在性意识的成长过程中，学生不知道要如何面对和处理自己身体以及情感方面的变化，他们就会下意识地模仿自己所接触过的类似行为。

比如，当他们因为接触异性而感到心跳加快、手足无措时，他们可能并不知道自己为什么会产生这样的反应，也不知道该如何去应对。这时，如果他们在某个影视或文艺作品中看到过类似的描述，并将其归结为"爱情"，他们就会下意识地认为是爱情导致自己出现了这种状况，从而开始模仿这些作品中出现的行为。

所以，我们要开诚布公地和学生谈一谈青春期的萌动，科学、理智地分析学生在经历性意识成长时这些他们以为的神秘感觉和身体反应，让他们能找到正确答案来解答自己的疑惑，就能从根源上掐断这种盲目的"模仿"行为。

2. 消除学生的罪恶感：心动从来不是罪

对于教师来说，学生的早恋问题一直让人头痛不已。但我们常常会忽略一个问题，那就是对于学生来说，"喜欢"这件事同样也伴随着强烈的不安与恐惧，以及难以言说的罪恶感。

无论是教师还是家长在听到"早恋"这两个字的时候，所表现出来的态度往往是抵触，甚至谴责，仿佛这是一件天大的错事。就连在学生之间，"喜欢"也常常成为大家用来调侃和取笑的事情。

因此，对于很多青春期的学生来说，"喜欢"其实是一件需要承受很大压力的事情，他们并不清楚应该如何面对和处理青春期的复杂情感，也不知道该怎么消化那种被称为"心动"的感觉。

在这种情况下，有的学生会因为巨大的羞耻感而将这种心动转变为抵触和厌恶，也有的学生会直接付诸行动，模仿自己所接触到的影视或文学作品中的某些行为。这就是为什么有的男生处处表现自己，明明很喜欢一个女生却经常欺负她、揪她的辫子；也有一些男生显得很含蓄，却已经会给班上的许多女生写情书了。

我带的班级发生过这样一件事：一个女生的日记不知道被谁撕

下几页贴在班里的公告栏上，日记中描写了该女生对班上另一个男生的关注和心动。

这个女生是个非常内向的人，又因为家境一般，在穿着打扮方面和班上其他的女生总是显得有些格格不入，再加上她的学习也不算好，所以，她在班里的人缘一直不是特别好。

女生在日记中提到的是一个特别优秀的男生，也是班长。她在日记中记录了很多关于这个男生的事情，可以看出，她一直在默默关注着他。而她之所以会开始关注这个男生，是因为开学的时候这个男生帮她搬了桌椅。这虽然只是一件非常小的事情，但对于她来说，这种善意是弥足珍贵的。

这些记录在日记中的心事被他人恶意曝光之后，班上的好多学生都陷入了一种"狂欢"——大家开始对着女生指指点点、窃窃私语，甚至还有调皮的学生直接起哄，就连日记中那个被"暗恋"的男生都未能幸免。

对于这些学生来说，他们或许并没有什么恶意，只是把这件事当成枯燥的学习生活中一个有趣的调剂品。但对于处在舆论中心的女生来说，这无疑是一种巨大的伤害。

那段时间，女生的状态变得非常低迷，原本就内向的人变得更加沉默。即使后来班上又发生了其他的新鲜事，她也始终无法从这种状态中走出来。而班上的个别学生也依然会时不时地拿这件事起哄、打趣，尤其是在这个女生和那个男生都在场的情况下。

面对这种情况，如果只是强硬地要求学生不再议论这件事情，显然只会取得反效果。大家之所以对这件事这么"兴趣盎然"，说白了，就是因为觉得它是一个"禁忌"话题。如果这种"禁忌"能变成大家认知中最寻常的事情，就不会再有人去议论了。

因此，在举行班会的时候，我定下了一个主题，那就是让大家来探讨一下世间的各种"情"。比如，对父母的情，对朋友的情，对师长的情，对同学的情，甚至是对偶像的情，等等。当然，也有几个学生不可避免地带有一丝的忐忑和兴奋谈及了自己想象中的爱情。

在大家畅所欲言的时候，我并没有对他们所讲述的"情"发表任何看法，无论他们讲述的是亲情、友情还是爱情。

有学生在讲述与"爱情"相关的主题时，大家还会表现得十分亢奋，不少学生还偷偷打量我的脸色，但看我始终没有明显的反应之后，也就慢慢地坦然起来。

最后，我给所有学生布置了一项作业，让他们分别整理一下自己心目中的亲情、友情、爱情以及对偶像的崇拜之情，写一写这些不一样的"情"应该是什么样的。

之后，我又特意抽出一次班会的时间，从中挑选了几篇分别以不同的"情"为主题写的小作文进行讲解。在探讨的过程中，我自然也不可避免地提到爱情，甚至是早恋的话题。

在这个过程中，我并没有回避对爱情的讲述，也没有对早恋表示出任何否定的态度，但同时引导学生将他们认为的"爱情"，与对偶像的崇拜之情、对优秀者的欣赏之情以及人的慕强心理等多种情感进行对比与思考。

这次班会之后，我又和那个女生私下进行了几次谈话。我并没有询问她对那个男生的关注问题，也没有特意提及她日记的事情，只是随意和她谈一谈关于学习、生活等问题，直到确定她的情绪有些好转。

在这件事过去很长时间之后，我收到了该女学生的一封信。她在信中说，当自己的日记被人贴到公告栏上，周围的同学都在嘲笑自己、对自己指指点点的时候，她觉得既羞愧又痛苦，甚至一度想要离开学校，离开所有认识的同学，躲到没有人看得到的角落。因为她觉得自己很坏，同时也对那个男生感到愧疚。

直到那次班会之后，她思考了很多，想了很久，她发现自己对那个男生的关注，其实就像对偶像的崇拜、对优秀者的欣赏，她渴望自己能够成为像那个男生一样优秀的人。在整理清楚自己的情感之后，她终于可以昂首挺胸、无愧于心地面对大家，也不会再因为别人的嘲讽和取笑而羞愧不已。

一提到早恋，很多教师和家长会表现出一种十分提防的态度，仿佛这是什么洪水猛兽一般。如果发现学生有早恋的苗头，更是恨不得用尽一切手段把这种苗头掐灭在摇篮里。

但实际上，对于青少年来说，他们自己也很难快速弄懂这种复杂的情感问题。他们在面临青春期的萌动时，同样承受着巨大的压力和自我怀疑。在这种时候，他们需要正确的引导与帮助，而不是师长回避的态度和不问缘由的指责。

更何况，爱情与亲情、友情一样，并不是什么错误的事情。真正会给学生造成不良影响的并不是爱情本身，而是在青春期萌动时贸然展开的模仿性"恋爱"，以及与异性不正确的交往方式。所以，不要再用否定和批判的态度，让学生背负上本不该由他们背负的罪恶感。

心动从来不是罪，这只是每个人成长过程中的一个正常流程罢了。

3. 主题班会：引导学生如何与异性正常交往

一位心理学家说过："遏制青春期男女生交往是残忍的。"因为这一时期，正是青少年生理与心理从不成熟向成熟转化的重要时期，同时，也是他们真正认识异性、性意识的起始阶段。

处于这一时期的少男少女，会对异性自然而然产生不同程度的爱慕和眷恋的心理。如果这种需求不能得到满足，就可能直接影响到他们的心理健康发育，甚至出现各种异常的心理与行为。教师和家长必须负起责任，引导学生与异性进行正常交往，确保学生在青春期阶段的生理与心理健康发育。

　　一些教师在管理班级的时候，总会有意识地将男生和女生分开，避免他们产生过多的接触。

　　这种分桌方式其实是非常不科学的，作为教育工作者，我们更应该明白青少年之间异性交往的合理性与重要性，不能为了避免麻烦就压制青少年与异性交往的欲望。

　　懂得治水的人都知道，治水的关键在于四个字：堵不如疏。一味地筑坝拦水，只会让水越蓄越多，一旦决堤便会造成难以控制的破坏场面。

　　人的情绪和欲望，也像洪水一样需要定期"排泄"，如果只是一味地压制，总有一天情绪与欲望会达到临界点，导致人随时可能陷入崩溃。

　　所以，面对青春期少男少女之间的相处问题时，教师不应压制学生之间异性交往的欲望。但与此同时，教师必须教会学生如何理智地控制自己，用正确、尊重的方式与异性交往。这些都是至关重要的事情，走错一步都会影响他们的一生。

　　我带的每一届学生，我都会在开学之际召开一次班会，主题是"我喜欢这样的男生／女生"。班会的主要内容，就是引导学生如何与异性展开正常交往。

　　之前说过，对于青春期的少男少女们来说，与异性建立正常的交往，对他们的身心健康发展是大有裨益的。只不过，我们要注意把握好他们之间交往的"度"，以免过犹不及。

我之所以要开这样一个主题班会，最终的目的也是引导学生，让他们明白应该如何正常地与异性交往。

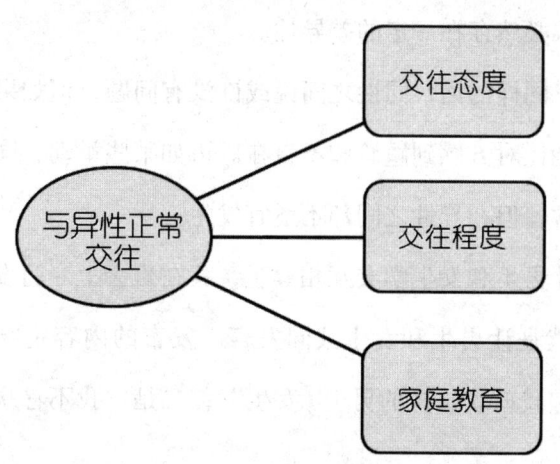

与异性正常交往的三个关键因素

首先，是态度问题。

对待一件事情，如果大家的态度是遮遮掩掩的，即使是一件再正常不过的事情，也会让人禁不住多几分遐想；如果大家的态度是坦坦荡荡的，即使是不同寻常的事情，也会让人觉得这就应该是理所应当的。

因此，对待青春期学生之间的异性交往问题时，教师一定要端正态度，淡化"性别"这一特征，做到落落大方、坦坦荡荡。

我们要让学生明白，我们与人交往不应该将性别作为前提条件，无论是同性还是异性都没有什么差别，都是我们的同学、朋友。只有先明确了这一点，端正自己的态度，学生才能在与异性交往时坦坦荡荡、大大方方。

除此之外，我们也得让学生明白，男性与女性在生理上确实存在很多的不同，这是客观存在的事实。因此，与异性的相处和与同性的相处，必然存在一定的差异性。

比如，同样的话，同性之间说或许没有问题，但如果是对异性说，就可能让对方感到尴尬和不自在。再如某些举动，同性之间做出来很正常，但在异性之间却不适宜发生。

为了让男生和女生学会互相尊重，我在班会上专门设置了一个环节，那就是让男生和女生共同发言。发言的内容主要包括两方面：一是"我喜欢这样的男生／女生"；二是"我不喜欢这样的男生／女生"。

通过这个环节，学生会更加清楚哪些行为对异性来说是不礼貌的，也是不受欢迎的。

其次，是交往程度的问题。

对于青春期的学生来说，虽然与异性的正常交往十分必要，但我们也需要注意，尽可能地引导学生与异性可以进行广泛接触，但避免对个别异性进行深入接触。

比如，教师可以多组织一些集体活动，让学生在参加这些活动的时候自然而然地产生接触。但这种接触必须要有分寸，最好不要产生比较过分或频繁的身体接触。毕竟态度再端正，青春期的学生也不可能在接触异性时保证自己的身体能够一直"无动于衷"。

最后，是家庭教育的问题。

在对学生的教育中，家庭教育其实占有非常重要的分量，在青春期学生异性交往的问题上，也是如此。

父母的态度，在很大程度上影响了孩子的异性交往心理、行为。因此，除了学校方面的教育之外，教师必须和家长沟通与合作，共同为学生打造出良好的教育氛围，帮助他们顺利度过充满迷茫与困惑的青春期。

我曾经遇到过一个女生小霞，她在班里总是沉默不语，还不合群，独自沉迷于小说和网络。

因为小霞的人缘一般，成绩一般，也不惹什么事，所以她在班里一直没有什么存在感。或许正因如此，后来发生的事情简直惊掉了一群人的下巴——小霞和人"私奔"了。

小霞的"私奔"对象，是她的一个网友。两个人是通过打游戏认识的，在网络上聊了两年多，也通过摄像头见过彼此的真容。导致小霞和网友"私奔"的原因很简单，就是父母偷看了她的日记后，发现了她偷偷网恋的事情。

小霞的家教一直非常严格，尤其是在和异性往来方面，父母更是严密控制，就连周末时要好的同学约她出去玩，父母都要反复确认其中有没有男生，以及这个男生和她的关系好不好。

因此，在小霞网恋的事情被父母发现之后，她的第一反应就是逃跑，离开这个地方不要被父母找到，于是才有了这次的私奔行为。值得庆幸的是，父母发现得早，在火车站就把她截了下来，这才避免了一场悲剧的发生。

这场闹剧结束后，我们做过一些深入交流。

小霞告诉我，一直以来，因为父母管得严，并且一直向她灌输远离男生、不能和男生走得太近的观点，她从小到大身边连一个关系好的异性朋友都没有。直到后来接触到网络世界，她发现通过网络和异性交往是一件很刺激又很快乐的事情。尤其很多异性在知道她是个年纪小的女孩子之后，都会对她表现得特别"热情"。算起来，这已经不是她第一次"网恋"了。

与此同时，对于自己网恋这件事，小霞的内心又感到十分羞耻，觉得自己是个很不要脸的人。因此，在自己的秘密被父母发现之后，她的第一感觉就是恐惧和羞耻。那一刻，她只想远远地逃离，逃到谁也找不到的地方，所以才有了这次闹剧一般的"私奔"。

可见，家庭教育对孩子的青春期成长有着非常大的影响，尤其是父母对于异性交往这一议题的态度，更影响着孩子的心理发育。

因此，要想引导学生正确、正常地与异性交往，除了教师在学校的正向引导之外，还必须和家长通力合作，为他们提供一个科学、合理的教育方法。

4. 失恋，不是真的"没什么大不了"

即使父母或教师千般叮嘱、万般防范，依然有不少学生在青春期偷偷有过"恋爱"的经历与体验，自然也免不了遭遇"失恋"。

无论是教师还是家长，对于早恋的态度其实都是非常明确的。因此，在听说有学生或自家孩子遭遇"失恋"的时候，很多人的第一反应大概是会忍不住去教训他们。

此前说过，很多青春期学生的初恋其实都算不上真正的恋爱，只是一种模仿性的恋爱行为，但即使如此，失恋这件事所带来的伤害与痛苦是确确实实存在的。至少对于青春期的学生来说，失恋真的不是一件"没什么大不了"的事。

学生遭遇失恋时，如果失恋这件事所带来的痛苦、绝望及挫败感等负面情绪不能得到及时的疏导和排解，就可能对他们的学习和生活造成严重的影响。如果是心理承受能力较差的学生，还可能就此一蹶不振、自暴自弃，出现严重的心理危机，甚至做出一些伤害别人或者伤害自己的极端行为。

所以，发现学生遭遇失恋的时候，我们先要调整好自己的情绪，再去思考如何帮助他们走出阴影，并纠正他们对爱情的错误认知，而不是一味地批评、指责他们，或者给他们讲大道理。

秦老师曾遇到过一件糟心事，就是她所带的班的班长付玲玲失恋了。

付玲玲是秦老师的得意门生，一个开朗大方、品学兼优的女生。但有一段时间，秦老师发现付玲玲的状态有些不对劲儿，每天上课的时候都在走神，课间也不像从前那样和同学有说有笑了，而是一个人坐在角落里不知道想些什么，有时还能看到她红通通的眼睛和眼中将坠未坠的泪意。

秦老师私下找付玲玲谈了几次话，但效果都不尽如人意。直到临近周末的时候，付玲玲突然到办公室找秦老师，开口就说："秦老师，下周我想请几天假。"

听到这话，秦老师望着付玲玲关切地问："怎么了？我看你也没有生病的样子，是你家里有什么事情吗？"

付玲玲脸上的表情有些落寞，一直低着头没有直视秦老师，沉默许久之后才犹犹豫豫地说："不是，家里没事……就是我有点儿不舒服……这几天不想上学……"一边说着，她的眼泪簌簌地落了下来。

秦老师赶紧搬过旁边的椅子，拉着付玲玲坐下后，柔声安慰道："别哭了，到底怎么回事，你慢慢跟老师说，别害怕……"

或许是被秦老师的关切打动了，付玲玲挣扎了一会儿，才终于又开了口："秦老师，我……我心里太难受了！我……失恋了，我真的特别痛苦……"

乍一听到这话，秦老师整个人都蒙了，她怎么也想不到品学兼优的付玲玲竟然会跟"早恋"扯上关系。她本想教育付玲玲几句，但看到她伤心的泪水和落寞的神情之后，又咽下话头，依然耐心地安慰着付玲玲。

在秦老师的劝慰下，付玲玲总算止住了眼泪，将自己的"初恋故事"吞吞吐吐地讲了出来。

和付玲玲谈"恋爱"的，是另一所学校的一名男生杜凡，他们是在市图书馆遇到并认识的。当时，是杜凡先上来和付玲玲搭话，一来二去，他们竟发现彼此聊得还挺投契，自然也就加了微信、留了电话。之后，他们便经常在微信上聊天，偶尔也会相约一起去市图书馆。

没过多久，杜凡就向付玲玲表白了，就像那些青春校园小说里面描写的场景一样，什么鲜花、气球、礼物都有，还有各种充满惊喜的小手段。付玲玲一下子觉得，杜凡就是自己的真命天子，是会和她一辈子在一起的那个人。

可让付玲玲没有想到的是，他们交往还不到两个月，杜凡就向她提出了分手，原因是他们所在学校离得太远了，不方便交往。

付玲玲觉得很不甘心，想要挽回这段感情，甚至动起想要转学的念头。直到后来，有认识付玲玲的朋友和杜凡在一所学校，知道他们的事情之后就告诉付玲玲，杜凡一直在和他们班的学习委员交往，两个人在一起半年多了……

付玲玲这段说复杂又不复杂的"初恋"，让秦老师听得直摇头，这简直都快赶上那些三流偶像剧的低智商程度。

站在成年人的角度来看，付玲玲的这段"恋爱"其实就像小孩子过家家一样，没什么大不了的。但我们都年轻过，都曾在青春年少时因为许多鸡毛蒜皮的小事就感觉天仿佛都要塌陷下来一般。因此，无论这件事从旁观者的角度来看有多么不值一提，它带给付玲玲的伤害却是实打实的。

面对这种状况，秦老师没有指责付玲玲，也没有对她讲早恋不对、影响不好之类的大道理，而是充满理解地说道："老师明白，现在你的心里一定特别难受，付出一颗真心却换来这样的糟糕结局，必然是很痛苦的。但老师相信，这样一段经历会成为你人生路上的一次磨炼，虽然过程是痛苦的，但只要熬过去，你必然会有所收获、有所感悟。老师年轻时也遇到过这样的事情，我讲给你听听，或许可以给你一点儿启发。"

听到这话，付玲玲感到非常意外，问道："秦老师，您也遇到过这种事情吗？"

之后，秦老师开始讲述自己的"亲身经历"，引起付玲玲强烈的共鸣，她越听越激动，最后直接扑到秦老师的怀里大哭了一场。

或许是因为有了"共同的秘密"，付玲玲对秦老师越来越信任，也不再避讳向她倾诉自己不时涌上来的迷茫和痛苦的负面情绪。而秦老师在得到付玲玲的信任之后，也一直在引导和帮助她走出失恋的阴影。

在处理付玲玲的早恋问题过程中，秦老师的做法无疑值得我们每一位教师借鉴。要知道，学生其实并没有那么坚强，就连成年人都可能因为无法走出失恋的阴影而痛苦很久，更何况是年纪尚小的孩子呢？

也许在成年人眼中，孩子小打小闹的恋爱都不值一提，但对于学生来说，这可能是天大的事情。如果你摆出一副"这没什么大不了"的态度，很难得到学生的信任。

更重要的是，且先不论早恋究竟是对还是错，这件事既然已经发生，那就是不能改变的，再去纠结对错已经没有什么实际意义了。真正需要解决的问题，是如何帮助学生纠正思维，调整心态，早日摆脱失恋带来的痛苦和创伤。

第八章

学生胆小没自信，
鼓励也要有技巧

　　不同的学生身上有不同的问题，无论是哪一种，都是一种心理状态的表现。对胆小、缺乏自信的学生，教师自然要给予鼓励，帮助其找回自信，但要注意尺度，不要用力过猛导致学生更加不自信。所以，教师掌握适用的鼓励技巧很重要。

1. 鼓励的话，要循序渐进地说

如何向他人提出要求，如何让他人答应你的要求，是人际交往中非常重要的技巧。许多业务人员、销售人员、市场推广人员都精通此道，并将这些技巧运用在推销商品、促销活动、商业谈判中。其中，有一项技巧运用了心理学中的"登门槛"效应，它的出现频率最高、最行之有效。

登门槛效应，源自美国社会心理学家弗里德曼和弗雷瑟共同提出的理念。为了证明这一效应，他们两个人进行了一系列的小实验。

他们派出两组人，分别前往不同的社区。第一组人员登门拜访了社区中的家庭主妇，希望能在她们家的窗子上挂上一个小小的招牌。招牌并不影响房屋的美观，所以许多主妇都同意了他们的请求。过了几天，他们再次登门拜访，希望能够将一块很大且不美观的招牌放在对方的院子里。答应这一条件的主妇大大减少，只有一半的人同意。

第二组人员则略过第一步，直接向这些主妇提出请求，希望能将那个大招牌放在她们家的院子里，结果只有不到五分之一的家庭主妇同意了这个要求。

心理学家认为：人们会拒绝那些他们不愿意做的事情，但是，当他们没有充分理由拒绝一个较小的请求时，接下来也会逐渐倾向于同意那些更大的请求。

这个理论，显然对我们改变学生心态、逐步增强学生的信心很有帮助。只要我们在鼓励学生的时候循序渐进地提出某些要求，学生就能按照我们所设想的道路一步步获得自信。

有人可能不理解，我们向他人提出要求的时候自然是要循序渐进的，毕竟一见面就提出或大或小的要求会吓到对方的。而我们鼓励学生，这明明是一件好事，是要让学生获得自信，也需要循序渐进吗？我重点强调一下，当然需要。

对于那些缺少自信、胆子小的学生来说，他们就如同惊弓之鸟一般，任何风吹草动都可能让他们感觉到惊慌。如果鼓励的力度过大，就是有点儿过了头，这对于学生来说同样是一件可怕的、令人难以接受的事情。只有循序渐进，等到学生有了一定的自信时才能进入下一个阶段。

中医中有"虚不受补"的说法，就是医生在为病人看病的时候，如果病人太过虚弱也不能下太猛的药，否则对病人来说反而会造成伤害。这是一个道理。

新学期开始了，程老师从别的学校转到了我们学校，成为七年级（3）班的班主任。按照他在教育行业中的资历，即便是带毕业班也绰绰有余，但由于他刚来，还是要先带新生过渡一下。

刚进入中学的学生，他们大多还保持着相对质朴的精神面貌。只不过由于性格不同，有些学生机灵活泼、热情大方、爱说爱笑，而有些学生则相反，说话轻声细语、胆小害羞，难以融入新环境，也很难主动去和陌生同学沟通交流。

班是个几十人的集体，把学生放入这样一个集体中，他们的性格很快就会发生变化，只有极少数的学生，在开学几个月后还没有办法和班里的同学熟悉起来，依然保持着见人就害羞、不敢大声说话的样子。

对于教师来说，这样的学生也是让人头疼——好好跟对方谈谈，对方害羞得什么都听不进；语气稍微严肃一些，对方就要哭了；想要训斥一下，对方又没有做错什么。这真是应了那句歇后语：豆腐掉进灰里——吹不得，打不得。

程老师班上就有一个这样的女生，名叫小娟。小娟刚到班里时，就给大家留下了一个非常深刻的印象——梳了一条及腰的大辫子，自我介绍的时候满脸通红，声音比蚊子还要小。别说其他同学了，就连站在跟前的程老师都没有听见她说了什么。

小娟对待学习非常认真，就是成绩一直不太理想。这是因为，每次她有什么不懂的地方不敢问教师，以至于上课没有听懂的地方，那就真的一直不懂了。

程老师想要解决小娟害羞的问题，但又想着，如果采用比较激进的方式，如让小娟上台演讲、跟人辩论，他真的害怕小娟会晕倒在讲台上。于是，程老师设计了一套循序渐进的方法。

程老师找到小娟，问道："前几天我刚刚讲过这道题，怎么在小测验的时候，你还是不会做呢？"

小娟低下头，用细不可闻的声音说："我没有听懂。"

程老师抬头看向小娟，鼓励她："那你为什么不举手问老师，让老师再讲一遍呢？"

小娟的脸开始红了，小声地说："我不敢。"

程老师想了一下，又问道："你不是不敢问老师，而是害怕在全班同学面前说话，是吗？"

见小娟点了点头，程老师提议说："那以后，我讲题叫同学回答的时候，你要是会就举手示意一下。如果你没有举手，说明你不会，等有空闲的时间我再给你讲一次。你放心，我不会真的叫你起来回答问题的。"

小娟没有说话，只是点点头同意了程老师的提议。

从那天以后，程老师每次讲题提问的时候，都会留意一下小娟有没有举手。如果小娟没有举手，程老师就会按照约定好的，等到学生自主做题时再去问问小娟有什么不明白的地方。

一天，程老师在讲上周测验时许多学生做错的一道题，他提问的时候，只有寥寥几人举起了手，其中就有小娟。由于这是测验过的题，程老师知道小娟会做，于是他第一次违反约定叫了小娟的名字。

小娟显然没有想到程老师会提问她，她脸色通红地站了起来，大脑此刻一片空白，就连程老师刚刚问了什么都忘记了。

程老师面带微笑，用鼓励的眼神看着小娟。小娟看了看手上的试卷，才努力加大音量说了一下这道题的做法。

程老师欣慰地看着小娟坐下，他知道，小娟已经迈出计划中的第一步。接下来，他对小娟的提问越来越频繁，小娟似乎也通过几次回答问题建立起了一定的自信。

再后来，程老师就开始让小娟来到讲台，在黑板上写下自己的做题思路。等到期末的时候，小娟甚至可以站在讲台上向同学说出自己对学习的一些理解，开始分享学习方法了。

课堂上，小娟有了极大的改变；而在课堂外，她也变得开朗起来。她一改过去害羞的样子，和班上的不少同学成了好朋友。她们不仅会经常在一起聊学习，周末的时候也会相约去图书馆。

鼓励害羞、胆小的学生，应该多用登门槛效应——先让他们迈出第一步，接下来的发展就会顺利很多。千万不要认为一个小小的改变不算什么，起不到什么作用，要说进步，从一到一百中的困难和作用远远比不上从零到一的突破。从零到一，别看只是小小的一步，它却是从无到有的一步，有着突破性的意义。

没有人能一口气吃成胖子，我们不仅要考虑事情的难易程度，更要考虑学生的承受能力。这就像一个久疏运动的人，突然要他每天跑上五千米，第二天他就会放弃运动不再继续了。如果先从他能承受的运动量开始，随着时间的逐步增加，他坚持下来的难度就会小很多。

2. 把课堂打造成让学生感到安全的港湾

学校是学生学习的重要场所，学生待在学校的时间甚至胜过在家里。可见，学校环境对学生来说是非常重要的。如果学生因为缺乏自信、恐惧社交，又或者是其他原因把学校看作可怕的地方，在学校的时候总是特别紧张，那该有多么痛苦。在这种痛苦情绪的影响下，想要认真学习达到获取知识的目的，也成了天方夜谭。

只有让学生感觉到自己是安全的，在学校和课堂上不会发生任何意外的事情，无论从身体还是心理上都不会受到任何伤害，才能够保证他们会认真学习，思想品德、能力培养、个性发挥也会得到全面发展。

那么，我们要如何达到把学校变成让学生感到这是安全港湾这一目的呢？这个问题说是简单但并不容易，不仅教师要在那些胆小害羞的学生身上下功夫，其他学生怎么做也要重视。毕竟谈到环境问题，绝不仅仅是教师一人能控制的。

作为一名教师，以下几点是必须要做到的：

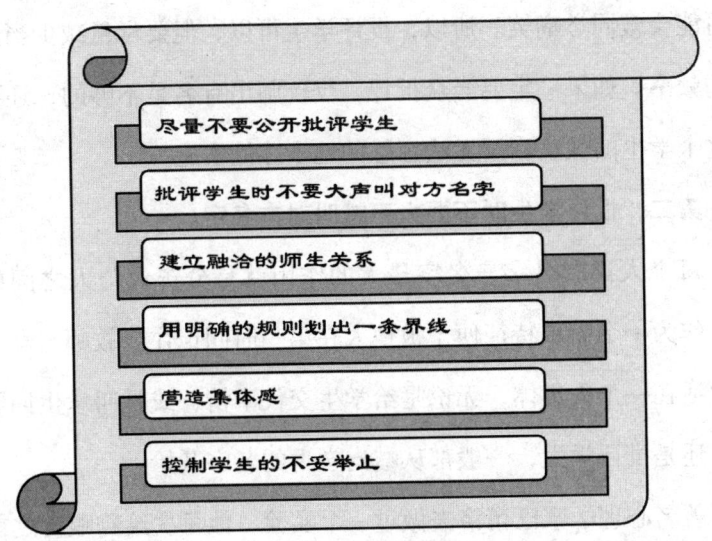

打造让学生有安全感的课堂"六做到"

第一，尽量不要公开批评学生。

适当的奖惩，是规范学生行为非常重要的工具。学生违反课堂纪律被教师批评是很常见的，但是在课堂上公开批评那个学生，班里的其他学生也都看得见，心里不禁会产生想法。

当众批评学生有一个好处，那就是能起到警示的作用。通过批评破坏课堂纪律过程中表现最为夸张的学生，有利于让其他学生不敢再去尝试这个想法。但是，在这个过程中，那些胆小、害羞的学生由于自身的性格、经历原因，又或者是其他因素，他们会更加担心糟糕的事情发生在自己身上——当某个学生被教师批评，或者被同学嘲笑的时候，他们也有感同身受的代入感。

如果教师经常当众批评学生，那些害羞、胆小的学生就越发认为课堂是个"危险"的地方，越发觉得举手提问、当众发言这些行为可能会被同学嘲笑。所以，批评学生可以，但要尽量减少当众批评的频率。如果一定要当众批评，仅仅师出有名是不够的，还要确定这个学生的做法到了无法容忍的地步才能实施。

第二，批评学生时不要大声喊叫对方名字。

每个人都有名字，名字最大的作用就是分辨人与人之间的不同，作为一个简单特征便于被他人在第一时间记住。教师与学生共同生活在一个大集体，无论是给学生交代事情，或是叫学生回答问题，还是批评学生，一般都从喊出学生的名字开始。

著名心理学家巴甫洛夫做过一个实验，他每次给狗喂食之前都会打开一盏红色的灯，并且敲响铃声。一段时间以后，不需要给狗喂食，只要打开红灯、敲响铃声，狗就会开始分泌唾液。这种行为，如今被人们称为"条件反射"。

在人类身上同样有类似的情况，甚至还要更多。我们每次批评学生时都以喊出对方的名字为开始，久而久之，就会让其他学生形成条件反射。

那些心理素质较强的学生还好，对于那些胆小、害羞的学生形成条件反射以后，他们被叫到名字的时候会没来由地感到害怕。即便叫到名字只是让他回答问题，他们的恐惧情绪仍然会出现。如果学生一天中总是担心被喊到名字，或者经历了几次恐惧心理，就很难把课堂当作安全的地方，每次上课都会惴惴不安。

第三，建立融洽的师生关系。

未成年人无论是在家庭之中还是在校园里，都不是环境的掌控者。在家庭中，父母是掌控环境的人，孩子要看父母的眼色做事，生活中也有许多地方要受到父母的管制。因此，与父母的关系是否融洽，是家庭能否为孩子带来安全感的重要因素。

在学校里，决定环境的人变成了教师。如果学生和教师的关系很融洽，自然不会担心自己在课堂上会遭遇"危险"。但如果某教师十分严肃，经常展示出生人勿扰的严肃态度，学生自然会觉得自己与教师的关系比较疏远，觉得教师是难以接近的。那些胆小、害羞的学生会降低自己在课堂上的存在感，听课或者需要回答问题时都尽量低着头、缩着身体，避免被教师注意到。

因此，想要把课堂变成学生觉得安全的港湾，教师除了有威严的一面外，还要有平易近人的一面。教师不是高高在上、供人膜拜的偶像，教师也有自己喜欢的电视节目、喜欢的书籍，也会在社交平台上发表意见、在周末的时候和家人外出游玩。教师和学生一样都是普通人，只有放下所谓"师者"的架子，才能更加贴近学生，给学生带来安全感，建立融洽的师生关系。

第四，用明确的规则划出一条界线。

国有国法，家有家规。当人们知道只要不触碰到法律这条准绳就不会有危险的时候，他们的安全感自然会直线上升。

想要营造安全的课堂环境，这种方法同样适用。明确什么样的行为会触犯校纪班规，明确什么样的行为会遭受处罚，这不仅不会吓坏学生，反而能成为学生安全感的来源。只要他们知道了在课堂上不做这些事情就没有危险时，自然会知道自己是安全的，情绪也会放松下来，不会做什么都束手束脚，更不会担心自己会不会哪句话说错了、哪个动作做错了而被教师批评。

第五，营造集体感。

集体的力量是伟大的。一个人面对困难时，很难迸发出与平日里不同的勇气；但在集体当中，彼此影响之下，一个平日里最胆小的人也可能变得勇敢起来。

一个班就是一个整体，班里的学生一荣俱荣、一损俱损。即便那个害羞、胆小的学生，在这一刻也会明白自己不是一个人在战斗，而是集体中的一分子，周围的同学与他共同组成一个大集体，大家的努力方向是一致的。在这种情况下，这些学生的不安感就会被大大消除。

第六，控制学生的不妥举止。

学生根据彼此的不同性格、不同经历、不同爱好，会在班中形成许多小团体。在小团体中，每个人的角色也是不相同的。不了解这种情况的教师，经常会被课堂上的突发状况弄得一头雾水：自己只是常规性地让某个学生回答问题，为什么其他学生会发出笑声？为什么某个学生答错问题后，会有其他同学喝倒彩呢？

这种行为并不是恶意的，只是因为这个人出自他们的小圈子，大家对他开了一个善意的玩笑。但是，作为班里比较胆小、害羞的学生是会担心的，他们本就不愿意成为焦点，不愿意吸引他人的注意，如果要回答问题，他们最希望的就是无事发生、平静地结束。其他学生虽然没有恶意，但也有不太妥当的行为，会让他们感到心怯——万一自己回答问题的时候，有人在下面哄笑，该怎么办？万一自己回答问题错了，有人喝倒彩，又要如何下台？这些问题对他们产生的困扰，足以改变他们对课堂安全性的看法。

让课堂成为平静的港湾，不仅是教师的责任，也是学生自己的责任。只有师生从各方面共同努力，才能打造出一个让每个学生都觉得安全的课堂。

3. 将克服恐惧当成一项"作业"

自从意大利教师罗伯特·纳维利斯发明了课后作业，学生就多了一项不得不完成的任务。当然，也有人认为，学生完成作业是天经地义的事情。

不仅是学生，每个成年人也有自己要完成的作业。有些作业是工作的附加产物；有些作业是为了生活需要；还有些作业被当作人生目标，可能长达一生。

作业是无处不在的，但它的表现形式以及对人们的意义大不相同。想要让那些胆小、害羞的学生克服自己的恐惧，不妨为他们布置一点儿这样的作业。

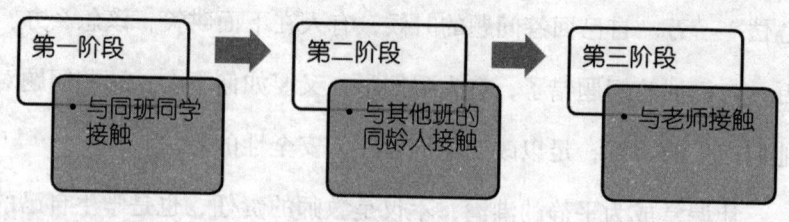

克服恐惧的三个阶段

郑伟是一名初中教师，班上有一个个子较矮的男生方亮，看起来好像是个小学生一样。或许是因为身高的问题，方亮总是表现出与其他学生不同的怯懦——对老师的提问，无论是什么问题，他总是支支吾吾回答得不利索，甚至答非所问；要他去做某件事情，他也往往会因为沟通不畅而做不好。

家长会后，郑伟得知方亮父母也因为这个问题头疼不已。根据方亮父母的描述，方亮在家里的表现很正常，不仅没有表现出胆小害羞，反而是个爱唱爱跳、非常活泼的孩子。郑伟为了改变这个男生的思维和行为，决定采用为他布置作业的方法。

在第一阶段，郑伟为方亮布置的作业就是每天早上上课之前，收取他所在那一排同学的家庭作业并交给教师，谁没能交上作业时要代为转达原因。

这项工作看似简单，操作起来却经常会遇到各种问题。

那些会积极交作业的学生自然没的说，而没有交作业的学生呢，就会展现出各种不同的姿态——有试图蒙混过关的，有编造借口要求暂缓交作业的，有套近乎、拉关系以求不要通报给老师的，还有提出各种条件想要"贿赂"的。但这些哪里能瞒得过教师的双眼呢，只要学生不认真写作业、交作业，一定会被教师发现。

最开始收作业的时候，方亮经常被同学为难，甚至有几次眼含泪水望向郑伟求助。郑伟则视而不见，只是要求方亮完成任务。

一段时间以后，方亮变得越来越有经验，态度也逐渐强硬起来，每天都能在教师上早自习之前交上作业，并且统计好没有交作业的学生名单交给郑伟。

到了这一步，郑伟认为第一阶段的目标已经达成，可以进入第二阶段了。

如果说收作业面对的是相对熟悉的同班同学，任务相对好完成一些，那么，在面对其他班的学生时，情况就没有那么简单了。要从一个陌生的集体中找到一个陌生的同学，然后再进行沟通、传递信息，对于胆小害羞的学生来说，无疑是强度更大的考验。郑伟制订的第二阶段计划，就是让方亮跑腿，让他经常和其他班陌生的同学接触。

于是，方亮就开始代替郑伟去其他班找班长或课代表拿课堂资料。后来，就连给隔壁班的学生布置作业这种事情，郑伟都要方亮帮他完成。

最开始，方亮看着课间喧闹的隔壁班，里面一个认识的人都没有，都不敢发出声音。但由于要完成郑老师交代的任务，他只能硬着头皮敲敲门，念出那个他根本不认识的名字。

过了一段时间，方亮不仅能顺利地进入隔壁班找人、布置作业，甚至还和不少学生交上了朋友。到了这个时候，第二阶段的作业也可以结束了，该进入最后一个阶段了。

第三阶段的作业，是为了让方亮明白教师之间没有什么不同，即便是其他班的教师也不是吃人的怪兽，没什么可怕的。

在这一阶段，郑伟依旧是让方亮跑腿，不过接触的对象不再是学生，而是其他班的教师。他经常让方亮去办公室拿讲义或者其他资料，却不告诉这些资料所在的确切位置。方亮想要顺利完成郑伟布置的作业，只能到了办公室再问其他教师。到了后来，去复印试卷、领需要使用的劳动工具，都是让方亮去完成。

等到第三阶段的作业结束后，方亮已经改掉了过去不自信的毛病，变成一个乐观开朗、积极向上的学生，无论面对谁，他都不会再胆怯了。

完成转变以后，方亮能歌善舞的特长也开始得到发挥，被同学选为文体委员。在校庆表演上，方亮带领同班同学编排的舞蹈获得全校师生的一致好评，得到一等奖。

缺乏自信、害羞、胆小，其实是一种心理问题。

在学生时代，这种情况往往就能得到改正。如果没能得到改正的话，将来可能会形成人格障碍，对人的一生会造成负面影响。教师一定要重视学生身上的问题，不仅要让学生学到知识，更要注意学生的心理健康问题。

在心理学上有利用条件反射来纠正人们的某些不良行为方法，这种方法被称为"厌恶疗法"。具体解释是在对方出现不良行为的时候，给予对方一定的惩罚性刺激，久而久之，不良行为就会与惩罚性刺激结合起来，让对方改掉不良行为。教师想要让学生更加乐于完成作业，也可以使用类似的方式。

但是，对于那些本来就害羞、胆小的学生来说，不必要的惩罚性刺激反而会对他们造成更加深重的伤害。此时，我们可以为完成作业这个行为增添一些奖励，或许是几句夸奖，或许是让对方觉得自己是特别的，或许是让其担任班级委员。当然，在整个过程中，最激动人心的奖励莫过于——学生体会到自己的转变，感到自信心在增强，身边的朋友也在变多。

总之，要尽量让学生想着完成教师布置的作业会有怎样的好事发生，而不是没有完成教师布置的作业会有什么样的坏事发生。只有这样，才能让学生认为自己所处的环境是安全的，从根本上改掉胆小、害羞的毛病。

4. 注意，别把鼓励变成逼迫

对于缺少自信的学生，给予他们鼓励，让他们拥有敢于做事的勇气，是教师最常用的处理方式。每个人在生活中都需要一些鼓励，鼓励的力量远比人们想象的更加强大。

许多成年人即便对自己当下的情况心知肚明，在没有他人鼓励的情况下，也难以迈出自我转变的重要一步。但是，鼓励也不是轻而易举就能做好的，不是说了两句好话试图把对方推上去就能成功的。如果做得不够用心、不够关注，鼓励就很容易变质。

魏虹刚刚成为一名教师，她对班上那些缺乏自信的学生特别关注。曾经，她在中学时期也是一个缺乏自信的学生，非常胆小害羞，一度不敢和同班同学、各学科教师交流。这导致在相当长的一段时间，上学对她来说是一件痛苦的事情，直到班主任发现了她的情况，经常鼓励她，才让她走出不自信的困境。

如今，魏虹还记得当时的班主任是怎样鼓励自己的，她浑身充满了热情与冲劲，相信自己也能帮助那些不自信的学生发生改变。

班上有个男生名叫小维，魏虹一接触到他，就想起了自己的学生时代，因为小维的状态和当年的她实在是太像了。于是，小维就成了她要帮助的第一个对象。

不过，当魏虹开始行动后，才发现这件事情并没有自己想象的那么简单。

魏虹认为，小维不自信的根源是身体较弱，导致他不能像其他同龄人那样踊跃地进入班级的社交圈子，比如男生爱玩的踢足球、打羽毛球等。如果能让小维喜欢上运动，不仅能强健体魄，还能顺势找到许多同样喜欢运动的学生，他就能交上一些朋友。这样一来，不自信的问题就从根源上被解决了。

　　魏虹找到小维，向他提出了这个建议。小维低着头，怯生生地答应了魏虹的建议，说自己会在课间、午休的时候学学打篮球。

　　之后几天，魏虹注意到小维确实在课间或午休的时候有去过篮球场。但是一段时间以后，魏虹发现小维缺乏自信的情况并没有得到任何改善，反而变得更加郁郁寡欢。

　　魏虹观察到了这一点，于是就多关注了一下小维的情况。结果她发现，小维每次到了篮球场以后，就呆呆地站在附近看别人玩球，站累了就找个地方坐下——别说学着打篮球了，就连与人交谈都没有。

　　明白小维为什么没有任何改变以后，魏虹很生气，小维的举动不仅白费了她的一片苦心，更是对他自己的不负责任。她找到小维，说道："老师要你去学学打篮球，好好锻炼一下身体，你有照做吗？"

　　小维低着头，小声说道："嗯，我每天都会找时间去篮球场学打篮球的。"

　　听到小维不说实话，魏虹生气地说："我看了你好几天，也没有看到你上场和同学一起玩啊！"

　　小维似乎有些委屈地说："魏老师，不是那样的。我现在还一点儿都不会打篮球，他们已经玩得很好了，而且篮球是团队运动，我上场只能拖他们的后腿。"

　　魏虹又接着问："那你为什么不自己练习，而是一直在旁边看别人玩呢？"

小维更加着急地辩解道:"因为场地有限呀!他们都是五六个人一起玩的,我总不能自己一个人占着一面球场吧。"

魏虹是个特别坚持的人,认为一个人的主观意志是可以帮助他克服困难的,小维所说的看似有道理,不过都是借口而已。因此,她不管不顾地对小维说:"不论你说的是理由也好,是借口也罢,我都不想再听到。明天,我希望能看到你出现在篮球场上。"

小维本来还打算说些什么,但看到魏虹的态度如此坚决,就不声不响地走出了办公室。

接下来的两天里,魏虹还是没有看到小维在篮球场上打球。于是,她又找小维谈了一次话。

第二天早上,魏虹接到小维家长打来的电话,说小维生病了,要给小维请两天假。这个时候,魏虹还想着小维就是身体太弱了,早说让他去篮球场上锻炼一下,他就是不听。

让魏虹没有想到的是,两天以后,小维还是没有来上学。

魏虹给小维的家长打电话询问小维的情况。小维的妈妈用很为难的语气对魏虹说:"小维的病应该是好了,但他一直说头晕、难受,不能去上学,过几天看看情况再说吧。"

听了小维家长的话,魏虹开始有些担心:难道是自己的举动太过激进吓坏了小维?于是,她决定等小维回来上学的时候就向他道歉。没想到,几天以后,她等到的不是小维来上学,而是小维要转学的消息。

都说成年人的崩溃往往就在一瞬间。的确，特别是在大城市生活的人，承受的压力很大，等到压力超过自己的负荷时，他们就渴望回到少年时期，渴望以前无忧无虑的生活。

对于未成年人来说，他们面对的压力同样不小。家庭的压力，社交的压力，学业的压力，在不成熟的心理状态下，这些在他们看来都可能是如同天塌下来一般的大事。

所以，成年人不能用自己的眼光看待未成年人的生活，不能把自己眼中对某些事情的看法强加到未成年人身上。教师要特别注意这一点。

教师鼓励学生获得自信当然是好事，但你所想象很容易实现的事情，对于学生来说未必就那么容易。更何况，他还是个缺乏自信的学生。因此，事情的难度可能会呈指数级上升，让它成为一件根本不可能做到的事情。

当学生迈出那一步以后，他可能会觉得这件事情很简单，但在还没有迈出那一步的时候，中间的距离就好像天堑一样无法逾越。

教师鼓励学生获得自信，首先要为学生设定一些方案，在要求学生做什么的时候，都要认真判断学生的承受能力。一旦学生表现出强烈的抗拒，或是过了一段时间还没有做到，教师就需要改变方案，而不是用更大的力量去"鼓励"学生。这个时候的鼓励无疑是告诉学生："我对你现在的进度不满意，你需要加快脚步了。"原本面对天堑就迈不出的这一步，加之教师通过"鼓励"在背后轻轻一推，学生就可能掉进深渊受到伤害。

5. 给予信任，但也要留有余地

教师的责任是教书育人，教书和育人这两点没有先后的区别。让学生获得知识固然重要，但保证学生能健康成长同样也不能忽视。

只不过，教师不是超人，除了要为学生授课外，还有许多其他事情要做，时间和精力都非常有限。因此，想要让教师把所有精力都集中在一个学生身上，时时刻刻关注学生的成长，这是不现实的。而且，学生也不愿意看到这种情况，这就如同身边始终有人在监视自己一样。

面对这种情况，教师需要树立对学生的信任感，做学生的引路人，看着他们努力前行最终胜利抵达终点。如果教师变成保姆，时时刻刻跟在一个学生身边，其他学生要怎么办呢？所谓"师傅领进门，修行在个人"，就是这么一个道理。

但是，信任不代表彻底放手。无论多么信任某个学生，也绝对不能让学生完全处于自己的视线之外，任由其自由发展。

学生的思想还不成熟，是多变的，他们就如同干燥的海绵一样，经常不分好坏地接收周围的一切信息。在他们"三观"尚未彻底成型的时候，如果接收到了不好的信息，或者受到一些不正确思想的影响，那就有可能在一段时间内发生变化而走上错误的道路。

教师对学生的绝对信任，到那个时候就会变成放纵，只能让学生在错误的道路上越走越远。等到教师发现的时候，学生可能已经无法回头了。

崔海波是某中学的语文教师，还担任着班主任的职务。由于他上课风趣幽默，下课时也经常和学生聊天，许多学生都非常信任他。除了学习上的事情外，还经常有学生向他咨询如何处理生活中遇到的烦恼，甚至有一些如何与父母更好地交流等问题。

一天，学生张杰找到崔海波，说他有事情要跟老师商量一下。

崔海波感到非常意外，因为张杰在班里是个存在感很低的学生，他的学习不好不坏，做事总是循规蹈矩。总之，他非常普通。正是因为他太普通了，还没有到需要教师重点关注的地步，也不需要教师花费精力去改变他，所以他的突然请求让崔海波感到非常意外。

张杰直接开口说："崔老师，您觉得我是个什么样的人？"

崔海波想了想，决定在实话的基础上稍微美化一些，不能伤了学生的心，于是说："你是个很听话的学生，做事认真，遵守课堂纪律。虽然你的学习成绩不算突出，但稳扎稳打也是很努力在学习，以后定能有大幅度的进步，我相信你是很有潜力的。"

张杰的脸上露出笑容，说道："感谢崔老师这么看好我，其实我心里清楚自己就是那种最普通的学生，但是我不想再普通下去了。我从小就希望自己能成为一个出类拔萃的人，但现在的情况，跟以前的理想差得太大了。

"我觉得自己最大的问题，就是不自信。之前好几次和同学一起写作业，大家对某道题的答案有分歧的时候，我总是觉得可能是我错了，就把答案改成别人的。现在，我想要变成一个更加自信的人。"

张杰说的这些话，着实让崔海波有些吃惊。不过，既然学生有积极向上、改变自我的想法，他没有理由不配合。于是，他问张杰："那你想要怎么做呢？"

张杰不好意思地摸摸头，说："我想要代表咱们班参加学校组织的演讲比赛，您看行吗？距离比赛还有三个月的时间，足够我做好准备了。"

这让崔海波犯了难。如果只是在班里演讲，让张杰参加没有任何问题。这次学校举办的演讲比赛，每个班只有两个名额——倒不是说崔海波输不起，主要是班里已经定下来在演讲方面非常突出的两个学生了。但此时拒绝张杰的话，肯定会打击他的积极性，显然他能说出这番话，恐怕也是鼓起了很大的勇气。

崔海波只好鼓励张杰说："我相信你有这个天赋，但咱们这是比赛，最终还是要用成绩说话。等到确定比赛选手之前，你和另外两个同学比一比，谁演讲得好谁就上，你看可以吗？"

张杰重重地点了点头，说："崔老师请放心，我一定会努力练习，争取超过他们，在比赛里给咱们班拿个好成绩。"

从那天以后，崔海波就经常看到张杰拿着一些有关演讲技巧的图书在课间阅读，时不时在上面画出重点、记好笔记。自习时间，还能在校园中僻静的角落，看见张杰一个人在练习演讲。

见张杰如此勤奋、努力，崔海波非常欣慰，认为自己应该信任这个学生，他有这样的上进精神，这样的拼搏态度，到选拔赛的时候可能会选上。

过了两个星期，张杰又一次找到崔海波，希望崔海波能听听他的演讲，看看他是否有进步。崔海波也想知道张杰经过一段时间的苦练，他的演讲水平到底是一个怎样的状况。

没想到，张杰演讲得一塌糊涂。撰写演讲稿的水平就不说了，他的演讲节奏非常混乱，也完全没有情感表现，只有口齿清晰这一点算是值得肯定的。

在张杰满脸期待地看着崔海波时，崔海波又如何能说出伤害学生的话呢？现在距离比赛还有一段时间，张杰还有提高演讲的空间。于是，崔海波硬着头皮说："演讲得还不错，比你之前的水平有了很大的进步。"

张杰兴奋得满脸通红，又问："崔老师，您觉得我在演讲方面有天赋吗？比另外那两个同学如何？"

崔海波想着，既然已经打算鼓励他了，那不如就再多给他一点儿："要论天赋，你可能是我们班级里最好的一个学生。不过，你的演讲水平还差那么一点儿意思，毕竟你起步太晚。不过老师相信，只要你继续努力，一定能成为咱们班上最合适的参赛选手。"

听完崔海波的话，张杰带着满足的笑容走出办公室。看着张杰的样子，崔海波也有些担心，不知道自己的鼓励是不是给得有点儿太多了。

从那以后，每隔两个星期，张杰都会让崔海波检验一下他的演讲水平。

张杰的进步速度，让崔海波很不满意，每一次的演讲水平都和第一次差不多，需要改进的地方几乎没有变化。但是怀着张杰不过是替补队员的想法，崔海波每次都会在提出意见的同时，给他一些鼓励。

距离演讲比赛还有一个星期，崔海波需要上报参赛选手的名单了。在班会上，三名候选人分别进行了演讲。另外两个学生的表现非常好，赢得了全班学生的称赞。而张杰的演讲水平仍然没有提高，反而还在许多地方出现错误。

经过全班学生进行投票，结果毫无悬念是张杰落选了。

这个结果让张杰很不甘心，他用几乎全班学生都能听到的声音说："老师说过，我是班里演讲天赋最好的学生。其实，我讲得也不比他们差，就是因为我缺少经验，太紧张了，不然去参赛的一定有我一个。"

看着张杰的样子，崔海波有些哭笑不得。看来自己的鼓励确实给得有点儿多了，让张杰在演讲这件事上不仅有了自信，甚至有些自大、自傲。希望这种过度的自信，他能分一些到其他方面，也算是对他有些帮助吧。

不料，班里的一名选手在距离比赛还有两天时感冒了，喉咙发炎非常严重，连声音都发不出来。崔海波只好让张杰顶上，张杰当时就欢欣雀跃起来，他认为终于有了展示自己的机会。

比赛当天，张杰怀着激动的心情走上演讲台，面对台下众多的教师和校领导，他产生了一种扬眉吐气的感觉。

崔海波从来不知道听学生演讲是这样一件可怕的事情，因为张杰的演讲完全可以用一场灾难来形容——除了能顺利地背下演讲稿之外，他可以说是一无是处。

比赛结束，获奖名单上并没有张杰的名字，他很是不服气。

几天以后，在班会上播放这次演讲比赛的录像，这让张杰几乎不敢相信演讲台上的那个人是自己——口齿不清，逻辑混乱，毫无情感，肢体僵硬，更别说演讲节奏了。在那一刻，他的世界崩塌了。

课后，张杰主动向崔海波承认了错误，说他第二次在崔海波面前演讲后就再也没有练习过，买的那么多演讲图书也没有再翻开过。

得知张杰没再进步的原因后，崔海波也向张杰道了歉。他认为，作为一名教师即便不时时刻刻盯着学生，也应该尽到督促的义务。对于张杰的失败，他过分的信任态度也应该负一部分责任。

之后，在崔海波的帮助与监督下，张杰还真的练就了好口才，成为班级演讲项目中的种子选手。

孟子认为人性本善，荀子则认为人性本恶。

其实，人的本性中有好的部分，也有不好的部分。惰性这种相对糟糕的东西，不可否认地存在于每个人身上，教师有，学生也有。

懂得许多道理的成年人，面对惰性的时候都会经常败下阵来，更别说尚未成年、自控力还很弱的学生了。因此，教师可以信任学生，但绝对不能放松对学生的督促。要记得，完全的信任等于放纵，在信任的时候一定要留有余地。

第 九 章

与家庭形成合力，
尊重是前提

在孩子的成长过程中，对孩子影响最大的不是教师，而是父母。原生家庭对于孩子的影响，可能是他一生都无法改变的因素。教师没有能力改变学生的家庭状况，只能想办法平复学生在家庭中受到的创伤。但要注意，在这一过程中，尊重远比怜悯更加重要。

1. 怜悯，有时才是对孩子最大的伤害

同情心、同理心是正常人应有的基本能力，当看到有他人陷入困境、遭受苦难的时候，人们会情不自禁地想要给予对方帮助和支持。这对我们的社会来说，是非常重要的一种心态。

学校就好像一个小社会，各种各样的学生因为父母不同的身份，也会出现不同的问题。

当学生陷入困境的时候，作为有同理心的教师自然想要给予学生帮助。但这种帮助如果处理不当，很有可能让学生产生自己被怜悯的感觉——而怜悯，有时候是一种更大的伤害。

同情和怜悯到底有什么区别呢？

同情是在与对方处于平等的位置上给予对方帮助，而怜悯则颇有些高高在上的意思。许多教师在帮助遇到困难的学生时，可能并没有高高在上的意思，却因为想得太过简单，不小心让学生产生了自己被怜悯的感觉，对教师的帮助产生抵触情绪，也因此受到了更多的伤害。

王鹏老师一直特别喜欢他们班里一个名叫张恒的男生，他不仅

乖巧懂事，学习也一直很好，更是积极参加各项活动。可以说，他是个从各方面来说都不需要教师操心的学生。

一天，王鹏突然发现张恒上课的时候注意力不像过去那样集中了，打瞌睡，做事情也是无精打采的。王鹏觉得可能是张恒最近忙什么事情搞得太累了，过一段时间就好了。没想到，一直到期中考试，张恒没有好起来，成绩也迎来了大幅度的滑坡。

到了这个时候，王鹏认为不得不找张恒了解一下究竟发生了什么事情。张恒在王鹏的询问下，才说出家里出了点事情。

张恒的父母都是普通的上班族，家里一直勤俭节约地生活着。这个月的月初，父亲生病了，母亲不得不请假在医院护理。由于他们一家是从外地来的，没有亲人能照顾张恒，只能把他送到父亲的一个同事家借住一段时间。张恒因为失去了独自居住的空间，非常不习惯，每天晚上都睡不好觉。睡眠没有办法保证，他白天自然是哈欠连天，不能集中注意力学习。

王鹏听了张恒的话，也为这个学生着急起来，他很清楚这个年龄的学生睡不好觉会对身体产生多大的影响。于是，他对张恒说道："你们家在本地一个亲戚都没有吗？"张恒没有说话，只是点了点头。

王鹏又着急地说："你的父母怎么能这么马虎呢？就算是送到朋友家，也要找个环境好一点的家庭啊。现在你晚上睡不好，白天自然没有精力学习，功课落下太多的话就怕跟不上进度了，要不然你来老师家里住一段时间，怎么样？老师家里还有个空房间，家具也都齐全，环境肯定比你现在住的地方要好。"

听了王鹏的话，张恒脸上明显出现了一丝不愉快的表情，婉言拒绝了王鹏之后就匆匆地走出办公室。从那以后，王鹏每天都格外关心张恒的状况，甚至主动提出让张恒放学之后留下来，看看他有什么学习困难的地方可以辅导一下。

没想到，张恒还是毫不犹豫地拒绝了。此时此刻，王鹏察觉到张恒和自己的关系明显有些疏远了。

张恒和王鹏之间的关系之所以会疏远，就是因为张恒察觉到王鹏表达的情绪当中透露着怜悯。或许王鹏并没有这样的意思，只是发自内心地关心这个学生，但在言语中某些不恰当的用词刺伤了他的自尊心。

人人都有自尊心，而孩子的自尊心有些时候比成年人还要强。成年人已经学会取舍，明白什么时候应该放下自尊接受他人的帮助，知道什么时候应该挺直腰杆独自面对困难。而孩子不同，他们是纯洁的，在经历事情之前很难扭转自己的想法。这就是人们常说的"不经一事，不长一智"。

王鹏的做法虽然有些不妥，但事情尚未到不可挽回的地步，只要和张恒好好沟通，没什么事情是不能解决的。如果教师在帮助学生的时候选择了不恰当的方式，则会扩大这种裂痕，让学生受到更大的伤害。其中最可怕的方式，就是继续把怜悯扩大化。

不久之后，学校要向学生收取秋季校服费用。班里的其他学生都按时缴纳了，只有张恒还没有交上。王鹏给张恒的妈妈打了电话，对方再三表示歉意，说最近由于张恒爸爸生病，有些捉襟见肘，过几天想想办法，她会亲自把钱送到学校。

王鹏得知张恒家里出现经济困难时，想要帮助他的愿望更加强烈了。他在当天放学后开了一次班会，在班会上将张恒家遇到的困难告诉了学生们，并且号召大家把自己的零花钱捐出一点儿，帮助张恒能订上校服。

张恒没想到王鹏把自己家庭发生的事情告诉了所有同学，这时候，张恒觉得同学看他的眼光都有些不对劲儿了。到了同学捐款的时候，他再也忍不住，流着眼泪跑出了教室。

等到学生们捐款结束，王鹏给张恒的妈妈打电话说了这事。没想到，他同样遭到对方的婉拒。对方说家里只是一时半会儿周转不开，还没有到山穷水尽需要别人帮助的地步。

从那以后，张恒一改过去学习热情、做事积极的样子，变成了一个沉默寡言的学生，和教师的关系也渐行渐远。等到父亲出院以后，张恒的笑容才多了起来，但在面对王鹏的时候，他仍然展现不出过去的热情。

同情是人的本能，是善良的表现。当人们被同情的时候，往往不会展现出态度上的抗拒，同时感到自己获得了他人的关心和安慰。但怜悯就不同了，特别是在双方原本地位并没有区别的时候，被怜悯的一方会感觉自己的地位下降了，自尊心就受到了伤害。

特别是对于还没有成年的学生来说，他们还要在学校这个环境里学习、生活很长时间，怜悯会让他们在一段时间里抬不起头来。所以，教师千万不能用错对对方表达关怀的方式。

2. 建立信任，再开始后续交流

与学生交流并不是一件容易的事情。面对教师或家长的时候，有些学生会本能地隐瞒事实，不肯将真实情况说出来。究其原因，就是信任问题。

家长和教师往往不能理解，他们为什么不能得到学生的信任。

实际上，这个问题非常简单。无论彼此在一起的时间有多长，也不管双方平日里采取的是一种怎样的交流方式，重点是：他们所处的立场是不一样的。因此，想要与学生进行真实有效的交流，就必须要从建立信任关系开始。

教师要想和学生站在相同的立场上，有两个难点：

第一，双方认同的事情并不一样。

教师认为，学生要有积极向上的心态，应该把大多数时间用在学习和保证自己的身心健康上。但学生的思维不是这样的，他们认为学习是枯燥乏味的，垃圾食品是美味的，运动是很累的。

想要让教师认同学生的这种想法，则是不可能的，而学生也不可能放弃这些自己一直坚持的"原则"。

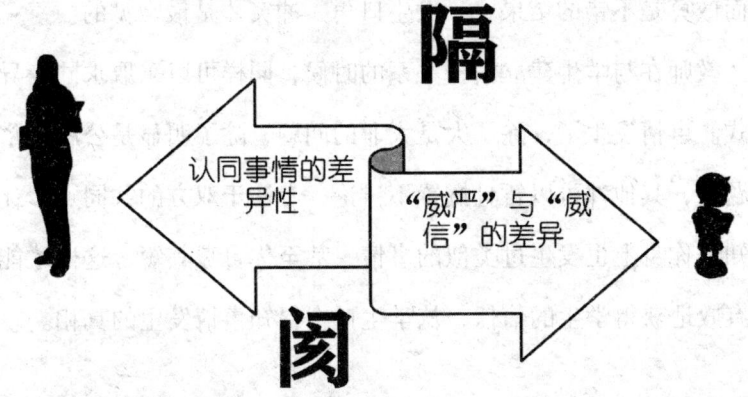

造成教师与学生之间隔阂的两大缘由

第二，双方的不同身份，造成了不对等的思维。

教师认为自己就应该有威严，这样才能保证学生在学校遵守纪律，自己说的话有人听。而站在学生的立场，拉近双方的距离显然不是一件那么有威严的事情。况且，教师要有足够的威严才能让学生听话，双方在交流上自然会产生新问题。

对于学生来说，威严不是一种保证沟通顺畅的媒介，它反而会阻碍沟通的进行。真正让学生信服的不是威严，而是威信——只有做到让学生心服口服，认为你是讲信用的，言出必行，才能达到顺利沟通的效果。所以，威严只能在维持课堂秩序的时候起效果，对师生沟通不会起到很大的作用。

成年人之间交流的时候，会遵循一个非常重要的原则，那就是求同存异。也就是说，允许双方有不同的观点，然后寻找双方的共同点，这才是建立正常沟通渠道的方式。如果把自己的观点强加在对方身上，你绝不可能得到一次正常的沟通。这样做的结局是：不欢而散算是不错的结果了，发生口角、冲突才是最常见的。

教师在与学生建立信任关系的时候，同样可以采取求同存异的方式。事情发生了，除了大是大非的问题，除了明显是公序良俗的问题外，其他都可以暂且搁置不讨论，专注于双方的共同点，让学生知道你身上也发生过类似的事情，甚至你自曝其短，这样才能真正有效地获得学生的信任，从学生口中得知事情发生的真相。

我的同事周老师是一名 80 后，但是他始终觉得自己还年轻，像年轻小伙子一样关心当下流行的事物，如听流行音乐、看最新上映的影视剧等。在与学生相处的时候，他发现这样有很多好处——课间时跟学生聊天会有很多话题，更容易拉近与学生的距离，甚至不少学生把他当成可以交心的朋友。

一天早上，周老师突然接到班上学生小轩家长打来的电话，说小轩昨晚没有回家，麻烦周老师去看看他有没有来上学。周老师在早自习时确实看见了小轩，就告诉家长别担心。

家长得知小轩在学校以后马上就赶来了，看到小轩没有发生什么事情，并且确认他昨晚是在要好的同学家里睡的时候，他们才匆匆又赶回去上班。临走之前，小轩的爸爸告诉了周老师昨晚发生事情的原委。

　　小轩爸爸昨天下班回家的时候，发现家里的香烟没有了，但是早上出门的时候，他清楚记得客厅的桌子上还有半包香烟。于是，在小轩回家以后，爸爸对小轩进行搜身，发现剩下的半包香烟果然就在小轩的书包里。爸爸火冒三丈，不由分说就教训了小轩一顿。小轩哭着背起书包就冲出了家门，到要好的同学家住了一晚。

　　下课以后，周老师把小轩叫到办公室，问道："你是不是偷拿爸爸的香烟了？"小轩不吭声。周老师又说道："无论是偷东西还是吸烟，在你这个年龄都是不允许发生的。当然，爸爸也有不对的地方，有事说事，不应该不由分说地训人。"

　　这时候，小轩才抬起头看着周老师，说："可不是，从小到大爸爸都没有批评过我。昨天我挨了一顿训，觉得又委屈又害怕，就跑去同学家里了。"

　　周老师拍拍小轩的肩膀，说："你偷香烟就有理了？不过，老师小时候也干过这种事，挨的训比你挨的可狠多了。"

　　小轩有了好奇心，问："真的假的，您当时发生了什么事情呢？"

　　周老师边回忆边说："老师那会儿和你差不多大，爸爸是工人，整天烟不离手。我那时候也喜欢学大人做事，用现在的话来说就是挺酷的。有天我放学了，到家一看爸爸还没有回来，就偷了他的一支烟在厕所里吸了起来。"

　　周老师讲到这里，小轩打断了周老师的话，问："为什么要在厕所里吸烟呢？"

周老师回答小轩说："厕所里有换气扇，吸完以后烟就排出去了，谁也不知道。那是我第一次吸烟，所以半天都没有吸完。突然，我听见门响，就知道爸爸回来了，我赶紧把烟熄灭扔进马桶里。"

小轩的情绪也紧张起来，追问道："结果怎么样？是不是没有被抓到？"

周老师苦笑了一下，说："没被抓到的话，我还能挨打？爸爸一进屋就闻到烟味了，他打开门问我是不是偷着抽烟呢，我赶紧说不是。结果，我张开嘴说话的时候，嘴里还有烟往外冒呢。"

小轩被逗得哈哈大笑。

周老师接着讲："爸爸立刻发火了，他抽出腰上的皮带狠狠地打了我一顿。那一顿打，让我足足三天都没能去上学，一动就全身疼。你看看你，你爸爸训你几句，你就受不了了。"

小轩委屈地说："我也就是想试试抽烟是什么感觉，才偷了爸爸的那半包烟。但是我忘记拿打火机了，突然就觉得这事也没有什么可好奇的，于是就没抽，带着那半包烟回家了。爸爸不问清楚就教训我，怎么还是我的错了？"

之后，周老师安慰了小轩几句，又强调吸烟的危害，在得到小轩的保证后就让他回去上课了。随后，周老师又给小轩的爸爸打电话说明了事情的前因后果，并告诉对方，晚上有时间的话来接小轩放学。

爸爸来接小轩放学的时候，在周老师的调解下，父子俩互相道了个歉，这件事情就这样结束了。

人与人之间想要拉近距离，建立基本的信任关系并不困难，只要大家的立场相同，有类似的经历，就不难对某件事情达成共识。有了基本的信任关系，交流自然也就变得流畅许多。特别是教师和学生之间，沟通顺畅后能让师生关系变得更加融洽。

很多时候，问题得不到解决，是由于学生有了青春期的逆反心理，只要能够进行顺畅的交流，一切问题皆能迎刃而解。如此，教师能放下身段与学生友好沟通，远远比保持威严、高高在上来得更有用。

3. 尊重学生的隐私

隐私，特别是学生的隐私，一直是个困扰所有相关的人的问题。

学生不想被暴露自己的隐私，因此会想尽办法保住自己的小秘密。家长想要了解孩子的一切，要掌控孩子的心理变化以及在学校的所作所为，就对孩子使出各种理由和手段。而教师，在这一环节不能充当中间人的角色。

了解学生的情况固然重要，但因此伤害了学生的自尊，绝对是得不偿失的。特别是有些事情，学生能跟教师说，却不能让家长或者同学知道。一旦事情泄露，师生之前建立的所有交流渠道就会崩塌，教师也会成为学生眼中的敌人。

彭皓是我们学校的一名新教师，师范学院毕业后就开始任教。年轻让她和班里的学生拥有更多的话题、更多的相似之处，以及更强的亲和力。但是年轻也有年轻的问题，那就是应对许多棘手问题时没有足够的经验。

就这样，当彭皓面对她未曾遇到过的问题时，她经常出现手足无措的情况，只能向更有经验的同事请教，或者是把问题交给学生家长来解决。

班里有几个女生与彭皓的关系特别好，这几个女生的性格开朗大方，学习成绩都在上游水平。这几个女生经常和彭皓打成一片，即便是在放学后，她们也不会匆匆离开学校，先是跟彭皓聊一些学习难题，再跟彭皓讨论一下最近比较火的综艺节目，聊上一段时间后才会离开学校。

一天，彭皓发现这几个女生放学后不再找她聊天了，而是在下课铃响后一起神色匆匆地离开学校。这种情况让彭皓不安起来，究竟是这几个女生有什么事情发生了，还是自己做错了什么，被这个小集体排除在外？

或许是因为她们有急事吧！彭皓这样安慰着自己。

又过了几天，情况还是与之前一样。彭皓觉得是时候问一问了，如果是自己做错了事情，也要知道问题究竟出在哪里。

晚自习要下课的时候，彭皓看见几个女生已经开始收拾课本了，她就装作若无其事的样子来到一名女生的座位旁，问道："你们几个最近在忙什么事情，怎么一下课就跑得飞快？"

女生看着彭皓，稍微犹豫了一下才说道："彭老师，其实也没有什么大事，就是我们一直很喜欢的男歌手×××，最近要来咱们市开演唱会了。我们几人已经用攒下的零花钱提前买好了票，放学后在一起制作一些应援用的小道具。"

听到事情和自己没有什么关系，彭皓这才松了一口气。但她随即想到更重要的事情，于是又追问："你们这样把时间用在制作应援道具上，会不会影响学习啊？"

女生赶紧说："根本不会影响学习，我们几个先把今天的作业写完再忙道具的事情。现在，我们小组不仅是道具制作小组，同样也是学习小组——因为我们几个聚到一起写作业可以互相帮助，效率提高了好多呢。我们要去看演唱会的事情，彭老师可千万别跟我们的家长说啊，否则别说演唱会去不成，零花钱都可能没有了。"这时，下课铃响了起来，几个女生赶紧拎着书包跑出教室。

彭皓怔怔地站在原地，发生了这种事情，让她觉得有些矛盾。几个女生说是在没有影响学习的情况下追星，但是，她始终认为追星就会出现问题——现在没有影响到学习，将来会不会影响呢？她们攒零花钱买演唱会的门票，要是以后口袋里的钱不够花，她们是不是会用别的方法来获得足够的钱呢？

想了许久，彭皓觉得这件事情要让几个女生的父母知晓。等彭皓放下电话以后，她却觉得有些怅然若失——虽然她是为了那几个女生好，但仍然有背叛朋友的感觉。

隔天，彭皓在上课的时候着重观察了那几个女生的状态，发现她们颇有一些萎靡不振的感觉。

彭皓小心翼翼地问其中一个女生昨晚发生了什么事，那个女生气愤地说：“还不是因为你！我们看不成演唱会了，以后的零花钱也没有了，放学后还必须马上回家。”说完，她愤愤地把脸扭过去。

彭皓试图向那个女生道歉，但那个女生始终没有理她。

彭皓此时还想着，事情早晚有过去的那一天，自己和那几个女生的关系一定会和好如初的。没想到，直到彭皓被调去别的班，那几个女生和她的关系也没有得到好转。

彭皓也打听过那几个女生的情况，新调任的班主任告诉彭皓，她们几个的成绩一直还算可以，就是和老师相处不来，对所有的任课老师都非常不信任，始终保持着距离。

彭皓这才明白，自己做的“举报”这件事情，不仅破坏了她们之间的友好关系，还摧毁了几个女生对“老师”这一身份的信任。

隐私，这两个字的解释范围非常广泛。

分析这两个字的时候，首先要注意“隐私”是中性词，不是贬义词。隐私指的是不愿意被公开的信息，但这个信息未必一定就是坏的。所以，当学生有了不愿意说的事情、有了自己的小秘密时，只要学生本身的状况（学习和身体）没有出什么问题，大可不必追根究底，也不必非要知道学生的隐私是什么。

当你知道了学生的隐私以后，无疑又多了一项责任，那就是如何处理这个隐私。如果这是一件大事，后果严重甚至会影响学生的一生，就要想办法引导和帮助学生解决这个问题。至于是否应该把事情告诉学生家长，那要由具体事件影响的程度来决定。

这是一条单行道。当你选择这样做以后，你就会彻底失去知道学生隐私的机会，甚至彻底断绝了与学生有更多交流的机会。

如果学生的隐私是个人某些方面的难言之隐，教师更加应该承担起保密的责任。

有些教师抱着保护学生、帮助学生的想法，让整个班的学生都知道了某个学生的隐私。这对被泄露隐私的学生来说，无疑是一次可怕的社会性死亡——无论班中的其他学生有怎样的看法、想法，他一定不会继续在这个班里待下去。即便没能转学，他在班里也抬不起头来，进而产生厌学情绪。

所以，教师在解决隐私问题时，一定要兼顾学生的感受，不能用简单粗暴的方式来处理。

4. 包容、爱、希望与信任

学校与家庭是学生最常待的两个环境，这两个环境看似独立，实际上有着千丝万缕的联系。

学生在学校中发生的事情，会影响他回到家庭的状态，甚至会影响到学生对父母的看法；学生在家庭中发生的事情，也不可能完全独立于学校之外，他的学习状态、人际交往方式、精神状况、身体状况，都与他在家庭中发生的事情息息相关。

在学校中，教师是学生的主要负责人，但是经常会处于尴尬的境地。这是因为，家庭中的事情影响了学生在学校的状态，教师有能力但没有资格干涉学生家庭中发生的事情。这个时候，与其盲目地寻找各种方法去安慰学生，或者干脆撒手不管，不如用"包容""爱""希望"与"信任"这四个关键词来帮助学生。

学校是学生最早进入的集体，培养集体意识、培养纪律性都是从学校开始的。从多方面考虑，各所学校都制定严格的校纪班规，在学生着装、发型等方面也有严格的要求。

学校在制定纪律的时候，自然是考虑到大多数学生的情况。但不得不承认，凡事总有例外，那些看似简简单单的规定，总是有学生会因为种种理由而无法遵守。

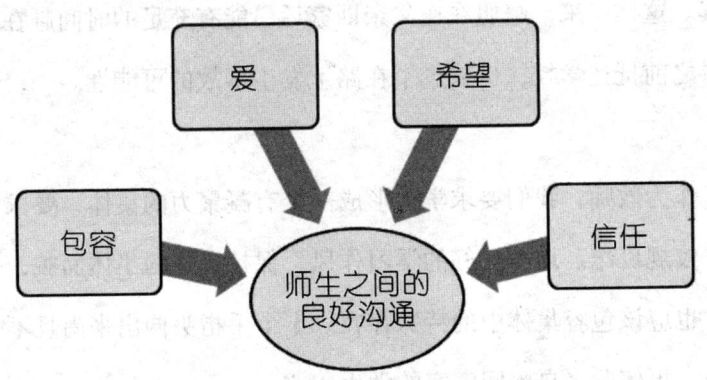

如何建立师生之间的良好沟通

　　同事姜老师的班上有个学生叫赵旭，这个学生长得高高大大，学习认真刻苦，乐于帮助他人，尤其体育成绩很不错。唯一不好的一点就是，赵旭每天早上都会迟到，甚至有几次在早读要结束的时候才匆匆跑进教室。

　　姜老师觉得，赵旭的迟到行为很不好。如果他从小就没有时间观念，无疑会养成拖延的习惯，也会对其他同学造成影响。于是，姜老师主动找到赵旭，跟他谈谈迟到的问题。

　　赵旭给出的回答，让姜老师为了难。在赵旭还小的时候，一场车祸夺走了母亲的生命和父亲的一条腿，如今，父子二人每天靠早上去市场卖菜为生。但是，父亲行动不便，赵旭就每天早上和父亲一起去卖菜，等到早市结束把父亲送回家，他才能赶来上学。

　　对这样一个学生，姜老师又能怎么办？要求他必须按时到校？他每迟到一次，就处罚他一次？这显然是不可能的。

姜老师只能要求赵旭，在不影响学习的情况下，允许他不参加早读。这样一来，赵旭在送父亲回家后，能有充足的时间赶在第一节课之前抵达学校，也减少了在路上发生事故的可能性。

作为教师，我们要求学生形成一个有凝聚力的集体，要求学生遵守校规班纪、培养良好的学习作风、保持良好的集体面貌，但同时，也应该包容集体中的特殊存在。十个手指头伸出来尚且不会一样长，更何况来自不同家庭的学生。

爱在生活当中无处不在，夫妻之间，父母与子女之间，兄弟姐妹之间，亲朋好友之间，都充斥着各种各样的爱。从古至今，师生之情都是特别深厚的，更何况尊师重教也是我们传统文化中重要的组成部分。

那么，在我们处理学生遭遇的问题时，用爱能提供怎样的帮助呢？最基本、最简单、最明显的，就是对事情考虑的全面程度。当教师真的用爱去帮助学生的时候，就会从各个角度、全方位地寻找解决问题的最佳方案。

有人就要问了：这样做，会不会伤害学生的自尊心？会不会暴露学生的隐私？是不是还有更好的解决方法？当有爱的时候，这些问题自然会浮现在教师的脑海之中，都会有应对之法。

处理学生的事情之前，教师不要急着解决问题，而要先想想，如果事情发生在自己的父母身上，会怎样做？发生在爱人身上，会怎样做？发生在兄弟姐妹身上，会怎样做？

如果教师能设身处地采取不同的处理方法，那才是真正地在用爱来关心学生。盲目怀着为学生好的想法，未必就真的能解决问题。

希望与信任是一对双生子，希望在前，信任在后。

无论面对什么样的学生，教师都要心存希望——学生做错了某件事情，就代表他罪无可恕了吗？学生有某个不好的习惯，他就真的没有扭转过来的机会了吗？学生的学习不好，他就必然是"朽木不可雕也"吗？有些事情复杂得很，不是人一眼就能看透，一句话就能说清楚的。

特别是学生在家庭中遇到了难题，影响了他在学校里的学习状态时，教师更应该发挥作用，怀抱着希望去帮助学生解决问题，至少让学校成为学生能够安心、无忧无虑学习的地方。所以，教师应该对每一个学生都抱有希望。

希望过后，就该是信任发挥效果的时候了。

养成一个习惯只需要二十一天，而改掉一个习惯则需要九十天甚至更长时间。因此，当我们发现学生身上有问题的时候，不能指望一朝一夕就让学生彻底解决这个问题，变成我们所希望的人。

除了对学生进行经常性的询问和帮助之外，信任更是教师要提供给学生的一种态度。

教师要坚信学生最终能解决问题，向好的那一面能达到我们的要求。信任一旦失去，情况就会走向极端。所以，许多教师与学生的关系不融洽，大多败在了信任这一步。

一种极端，是教师把不信任挂在脸上，时时刻刻冷嘲热讽、耳提面命，最终让学生失去了对教师的信任，开始不相信教师说的话，不相信教师做的一切。

另一种极端，是教师彻底放弃改变这个学生。反正这个学生是不值得信任的，那么，教师怎么说、怎么做都是毫无意义的。事情走到这一步，教师不能信任学生、放弃学生，学生也会陷入自暴自弃的状态。

在解决问题的时候，"包容""爱""希望"与"信任"这四点是必不可少的。它们有利于让我们实现对学生的尊重，也能教会学生应该如何去尊重别人。师生达成了互相尊重的状态后，即便学生的家庭生活并不如意，学校也能成为他们治愈自己的避风港。

后 记

从某种意义上说，一本书也是一种语言，是笔者在说自己的话。这不仅需要一些系统的思考，更需要一种说话的勇气。

感谢给予我说话勇气的朋友们。

给予我勇气的，有我的老师和前辈。在这本书中，有的感悟是我的亲身经历。当年上学时幸遇良师，是他们对教育的热情，激发了我对教师行业的向往，高考之后义无反顾地报考了师范类大学；是他们对学生的关爱，点亮了我"以人为本"的初心，从学生的角度出发试着与他们平等对话；是他们在工作中的智慧，引发了我的不断思考和传承。

曾写过一篇文章《以道为源，师德自生》，聊表我对教育前辈和仁爱之师的敬意和赞美。

给予我勇气的，有我的教育同行。大学毕业后，我就一直在北京市海淀区某重点中学就职。这所学校潜心施教、和谐育人的文化基因，潜移默化地融入了我的血液。

在此期间，我曾经在教委业务部门挂职一年。这段宝贵的工作经历，也让我有幸得以亲身到百余所中小学校交流、学习、考察，尤其是与各校德育工作者包括班主任们的交流探讨，使我近距离感受了各类学校因地制宜、因材施教的教育模式和师生关系建设。所以，书中的案例并不是我个人的原创，而是我看到、听到、参与到的众多教育人的集体智慧。

给予我勇气的，有我的家人和朋友。这里重点说说我的孩子。在陪伴他成长的过程中，我对教育的理解更加立体、真切。他让我明白，孩子的情绪、行为背后都是有需求的，这些需求没有得到满足，可能并不会直接表达出来，需要我去读懂他们的密码。

在《家庭教育也要讲点儿方法论》中，我曾经谈到了五步家庭教育方法论：第一，客观评价孩子当前的特质和品质。第二，针对孩子的特质，选择具体的教育理念和方法。第三，细心观察，在教育过程中发现孩子新的特质或变化。第四，根据新的观察事实，及时调整教育方案。第五，继续观察，继续改进。

我想，也许这些方法论同样适用于学校教育——时代的发展、学生的成长，也需要我们不断修正、进化我们的教育方法论。

或许就在此刻，或许再过几年，书中的很多策略、方法已经不合时宜。但是，只要我们关爱学生的初心不变，欣赏学生的视角不变，总能找到更适宜的方法。

在前言中，我提到"会说话不是一件简单的事"，一是要会说自己的话，二是要会说让人信服的话。限于笔者的水平，本书可能只是勉强实现了"说自己的话"，不敢说"让人信服"。但是，一本书作为公众阅读的载体，它也或多或少为大家提供了一个思考的平台、探讨的空间，如有不妥之处，恳请读者指正。